さまざまな発達の側面がみえます

●五感を通して環境と関わります

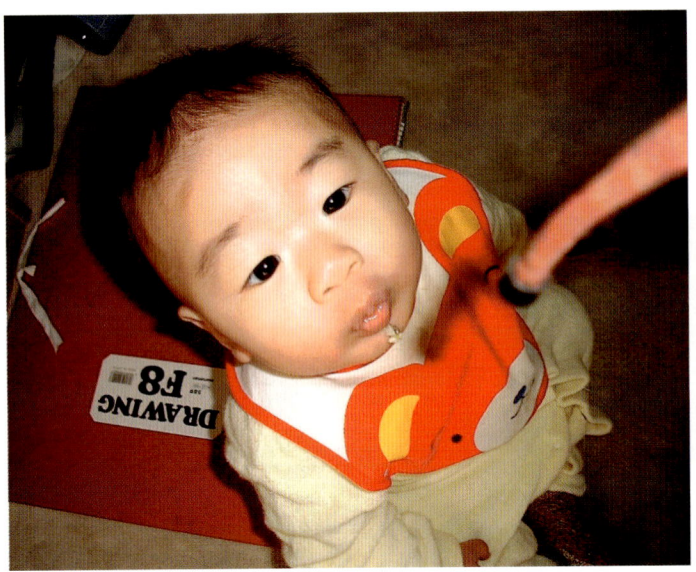

これ、なんだ？（6ヶ月）

お水の音を聞いています（1ヶ月）

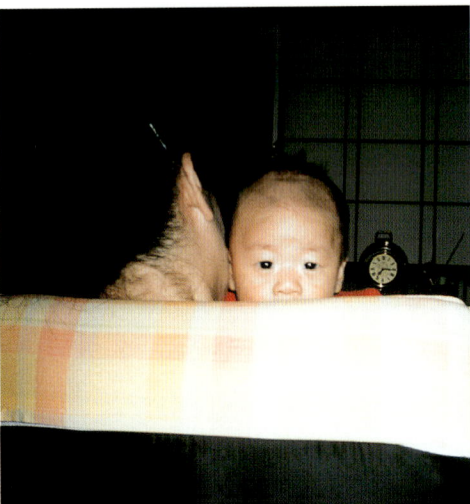

カメラを見つめています（2週間）

風と遊んでいます（4ヶ月）

●人との関わりが五感も育てます

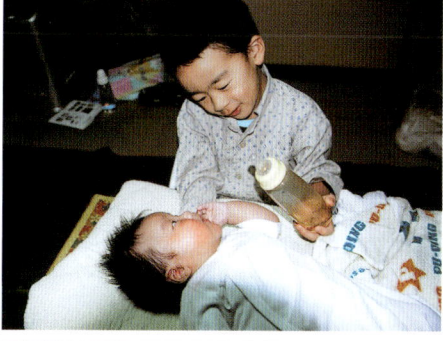
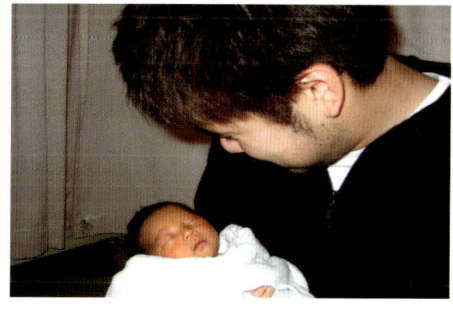
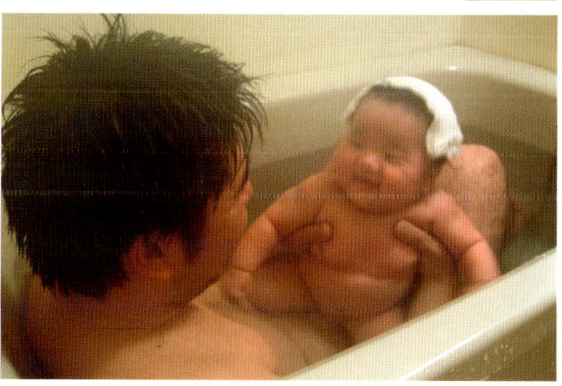

ことばがなくても心が通います

●人との関わりが心を育てます①

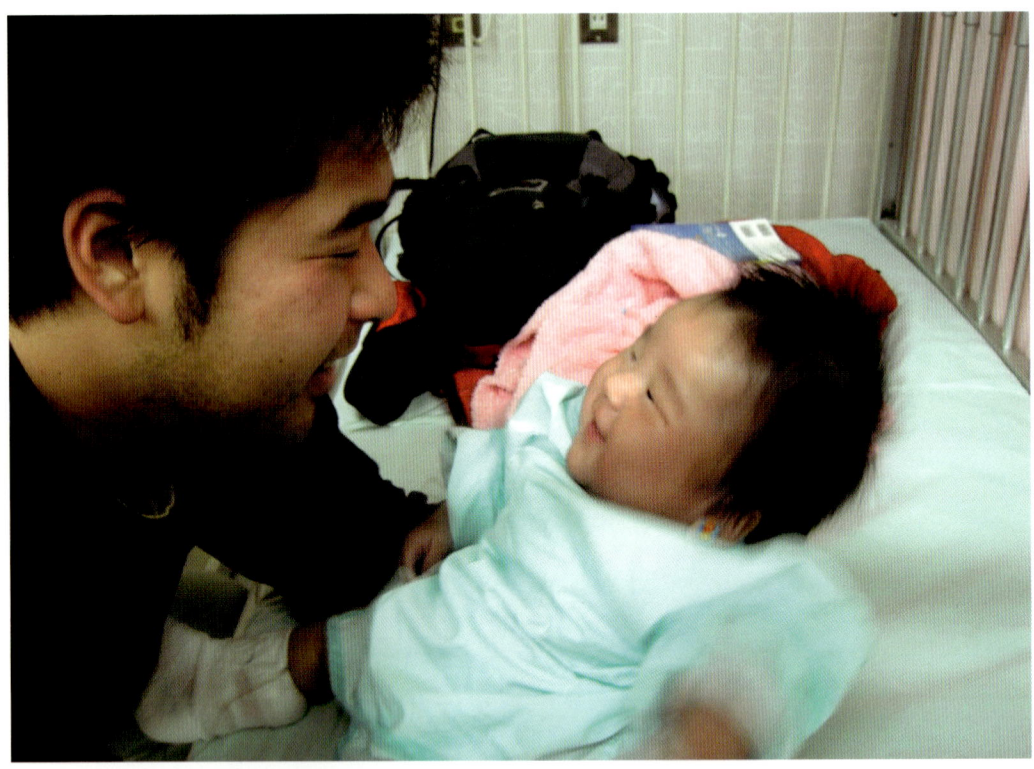

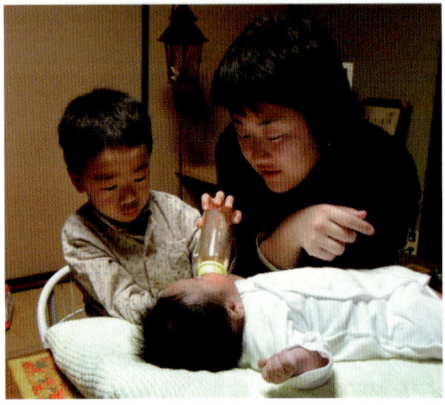

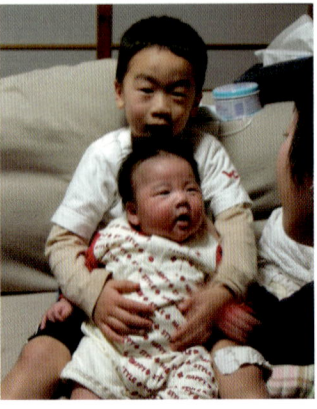

おとなも子どもも楽しい時間

●人との関わりが心を育てます②

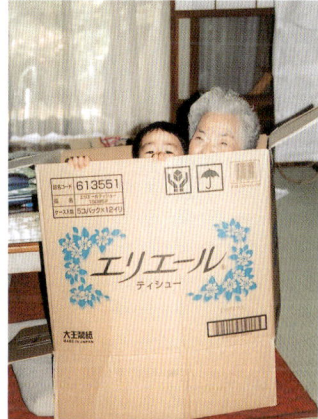

95歳のおばあちゃんと宗ちゃんは大の仲良し。"やさしさ"と"思いやり"を育むよい機会です

●指、手足、腰、全身の
　　バランスの良い発達が大切です

かぶと虫つかまえるぞ
（1歳7ヶ月）

これまでに鍛えてきた手・足・腰が大活躍

お掃除というよりもほうきに振り回されています

●いろんな道具が使えるようになります

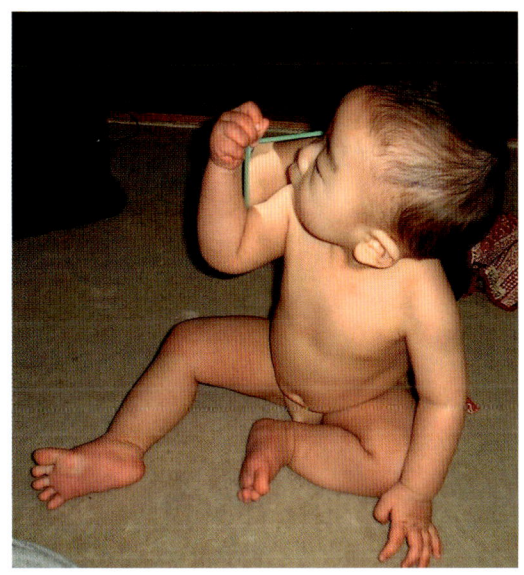
手の指、足の指、そして全身を使って遊びます（6ヶ月）

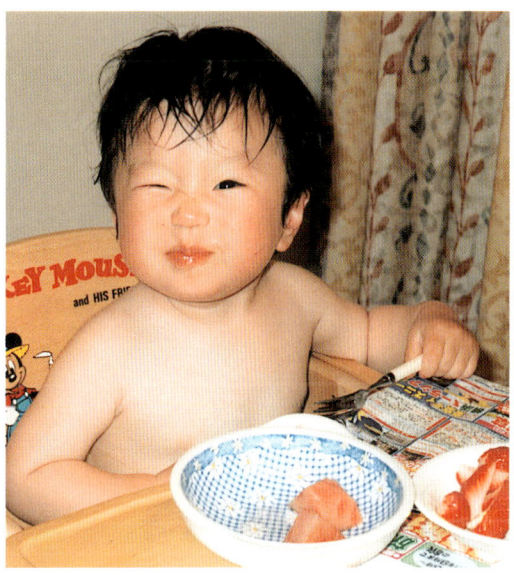
まだ両手を使って食べています（1歳6ヶ月）

ウィンナーを焼いています（2歳）

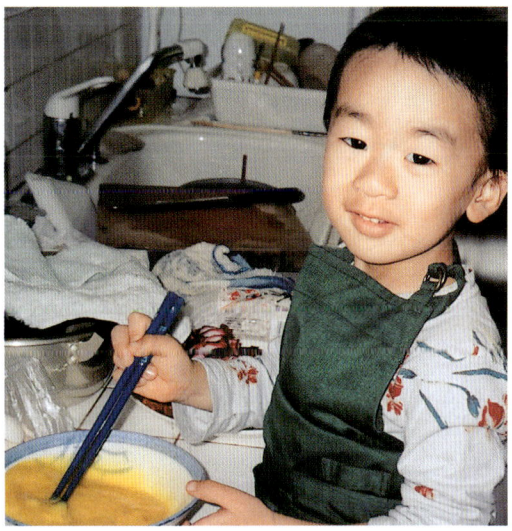
卵も割れるようになりました（4歳）

●きょうだいっていいね

子どもって…ね

子育ては子どもとおとなの知恵くらべ

木村留美子
Rumiko Kimura

エイデル研究所

まえがき

　今、子どもたちは、私たちが享受した高度経済成長期のつけのすべてを被っています。家族の形が変化し、家族間のつながりや絆は弱まりました。そして、価値観は多様化し、個人主義の考え方は一層強まり、それに伴ってコミュニティーの力も弱まりました。巷では物や情報が溢れ、人々はそれに振り回されています。このような状況の中で、本当に、良識ある市民となる子どもを育てることができるのでしょうか。私たちはそのために何をすべきなのでしょうか。

　昨年、私の研究室では家庭で子育てしている両親に対して調査を行いました。両親が子育てで最も困っていることは「子どもにどのように関わればよいか分からない」、「しつけの方法が分らない」といったことでした。こういった回答が多かった背景には、家族を取り巻く環境の変化や社会構造の変化があります。戦後の急激な産業構造の変化やその後の高度経済成長により、自営業からサラリーマンへと職業を変える人が増え、地方から都市部へと住まいを移し、その結果、家族全体で子育てを行っていた大家族制度は崩壊し、核家族が増加しました。そして、職場から遠く離れた場所に住まいを移す家族も増加し、都市部ではドーナツ化現象が生じ、これにより親子のすれ違いの生活はより一層大きくなりました。このようにして核家族家庭で育った子どもたちは、地域に暮らすおとなや老人、自分とは異なる年齢の子どもたちとの交流の機会をもつことなく、狭い人間関係の中で暮らすようになりました。こういった環境の変化はおとなの生き方にも影響を及ぼし、以前はごく当たり前であった地域での助け合い精神は弱まり、子育ての文化も伝承されなくなりました。

　このような高度経済成長期に育てられた子どもたちが、今30代を迎え、親としてまさに子育て真最中です。彼らは子どもの育ちを知らず、老人の老いてゆく姿も見つめてきてはいません。したがって、自分と異なる発達段階にある人たち

を理解することは難しい状況にあります。ですから、彼らは親になった今でも同じ年代の人たちとの交流を好み、さらには同じ環境、同じ条件、同じ考え方を持った人たちだけで行動することを好む傾向があります。そして、お金さえ出せばほとんどの物を手に入れることができた時代に育ったことで、コミュニケーションにしろ、行為そのものにしろ、少しでも早く、少しでも手軽に済ませることができるような方法を求めます。そして、自分が求めるものは求める時にすぐ手に入れようと考えます。こういった行動パターンは、我が子の子育てにおいても見られます。しかし、家事をこなすのとは違い、子育ては親の要求どおりにはいかないものです。そのためしばしば困難にぶつかります。そのような時、今の親たちは自分の子育てを見直すよりも誰かに代行して欲しいと気軽に考えます。そして、子どもの一時預かりやベビーシッターを無料で、あるいは低料金で利用したいといった自分中心的な考え方を持っている親が少なくありません。私はこれを"コンビニエンス的な子育て"と呼んでいます。現代の親たちの多くがこのような考え方で子育て支援に一時預かりを求めています。これもまた、周囲に子育て中の親を支える人たちがいなくなった現代社会の特徴であり、親ばかりを責めるわけにはいかないかもしれません。しかし、だからといって、この状況をそのまま親のニーズとして受け入れることはできません。このような親の中には親としての自分のあり方を振り返ることをしない人たちが含まれているからです。

　これからの子育て支援は、現代の親たちの特徴を踏まえつつ、子育ての文化を伝承し、あらゆる機会を通して彼らの親育ちを支援していくことが重要です。

　そして、このことは今の親たちを育ててきた我々の世代がなすべき大きな義務であり、今の時代に我々に課せられた課題であると考えます。

　このような思いを抱いて、第1章では子どもの世話をすることの意味について、第2章では子どもの育ちを知らない人のために、子どもの発達の特徴について、第3章では子どもの姿から発達を捉え、それに対するおとなの関わり方を考えみ

ました。第4章では新たな親子関係を築くために、今、人が他者に対して形成している対人関係の特徴について、その人自身の親との親子関係から述べてみました。第5章では、誰もが子育てをする中で同じような思いをし、同じような体験をしており、悩んでいるのは自分ひとりではないということを伝えたいために、育児相談の事例から幾つかを示してみました。第6章では、現代の子育て事情について、実態調査の結果から述べてみました。第7章では、現代の子育ての実態を踏まえ、専門家に求められる支援について述べてみました。最後に、第8章では、将来を見据えた子育てを行うために思春期・青年期の問題についても触れてみました。

　以上述べたように、本書では今まで親に対する支援として行ってきた育児相談や講演から、また、間接的な支援としては子育てに携わる専門家の研修から、さらに子どもや親を対象とした調査や研究の成果を通して子育てに対する私の思いを述べてみました。

　本書が、親と子の心地良い関わりを考えるきっかけになれば幸いに思います。

　　平成17年3月

　　　　　　　　　　　　　　　　　　　　　　　　　著者しるす

子どもって…ね 子育ては子どもとおとなの知恵くらべ
[目　次]

口絵●さまざまな発達の側面がみえます

まえがき ─────────────────── 2

第1章　子どもの世話の意味

  1　子どもの力 ─────────────── 10
  2　子どもの欲求に答えること ──────── 12
  3　乳児の発達課題 ───────────── 13
    1）人を信頼すること
    2）赤ちゃんの泣き
  4　単調な遊びの意味 ──────────── 16
  5　発達課題と子どもの意欲 ───────── 17
  6　人見知りの意味 ───────────── 17

第2章　子どもの発達の特徴

  1　子ども時代 ─────────────── 20
  2　人間になるために ──────────── 21
  3　免疫機能の発達 ───────────── 23
  4　神経系の発達 ────────────── 25
  5　からだの発達 ────────────── 26
  6　生殖器の発達について ─────────── 29
  7　「キレない子ども」を育てるために ───── 30
    1）体温と活動能力
    2）生活習慣と社会性の発達
    3）子どもの特徴

第3章　子どもの姿から発達を考える

1. 乳児期に気をつけたいこと ─── 40
2. 「はいはい」は全身運動の基本 ─── 42
3. 指先の器用さを育てましょう ─── 45
4. 優れた器官の発達を見直して ─── 47
5. 子どもの「イヤ」を大切に ─── 49
6. ケンカが激しい理由 ─── 51
7. ごっこ遊びを大切に ─── 52
8. 子どものおもちゃ ─── 55
9. 子どもの「自分で」を大切に ─── 56
10. 夢見る6歳児 ─── 58
11. 発達の節目の意味 ─── 59
12. ことばだけが会話ではない ─── 60

第4章　新たな親子関係を築くために

1. 親と子のこころの絆 ─── 64
2. アタッチメントの判定を行う目的 ─── 65
3. アタッチメントスタイルと育児不安 ─── 66
4. アタッチメントのタイプの特徴 ─── 67
   1) 幼少期と現在のアタッチメントの関係
   2) 子どもの頃のアタッチメントと家庭のイメージ
   3) 6タイプのアタッチメントスタイルの特徴
5. アタッチメント判定を活用した育児相談 ─── 70
   〈事例1〉「不安定型」が強いタイプの母親
   〈事例2〉夫婦の相互理解に影響するアタッチメントスタイル
   〈事例3〉親子関係の見つめ直しをすること
6. アタッチメントは子どものレジリエンスにも影響 ─── 75

第5章　育児相談から分かること

1. 子育ての悩みは皆同じ ─── 78
2. 現代の子育ての問題 ─── 79

3　親が子どもの育ちを知らない場合に生じる問題 ——— 81
4　子ども理解のために ——— 82
　　1）子どもの欲求に添うことの大切さ
　　〈事例1〉第一子への配慮が不足している親の対応
　　〈事例2〉赤ちゃんの行動を間違って理解
　　〈事例3〉夜泣きが激しい子どもへの対応
　　〈事例4〉「ダメダメ」を連発する3歳児
　　〈事例5〉認められたい欲求をねじれ現象で表現する4歳児
　　〈事例6〉注目して欲しい気持ちを上手く表現できない5歳児
　　〈事例7〉こころの問題がからだに表れた5歳児　―異糞症―

第6章　現代の子育ての根底にある問題

1　現代の親の特徴 ——— 96
　　1）子育ての支援が得られにくい
　　2）子どもの育ちを知らない
　　3）子どもには早い自立を、でも自分自身は今のままで
　　4）自分だけの時間を
　　5）母親の孤独な子育て
　　6）夫の思い
2　「子育ては自分がすべきである」に込められた母親の思い ——— 98
3　現代の子育ての問題 ——— 99
　　1）子どもを知らない若者
　　2）子どもは物では育たない
　　3）子どもの頑張りを待てない親
4　10年前の親たち ——— 102
5　子どもへの誤った見方 ——— 103

第7章　専門家の子育て支援

1　保育園・幼稚園について ——— 106
2　保育園の役割 ——— 109
3　子育てに感性を、そして困った時には早めに相談を ——— 111
4　専門家に求めること ——— 113
　　1）専門家に求められること
　　2）実践の場は道場
　　3）専門家が加害者にならないために
　　4）子どもは個人的な存在

  5 保育園で働く看護師の役割 ——————————— 117
  6 子育てを支援するということ ——————————— 119

第8章 子どもの未来のために

  1 一番大切なことを親に言えない子どもたち ————— 122
  2 顔を合わせない対人関係 ———————————————— 123
  3 親の役割 ——————————————————————————— 124
  4 不登校の子どもから学ぶこと —————————————— 125
  5 社会体験の重要性 ————————————————————— 127
  6 こころを育てることは生きる力を育てること ————— 128
  7 おとなの身勝手 ——————————————————————— 130

 謝　辞 ———————————————————————————————— 131

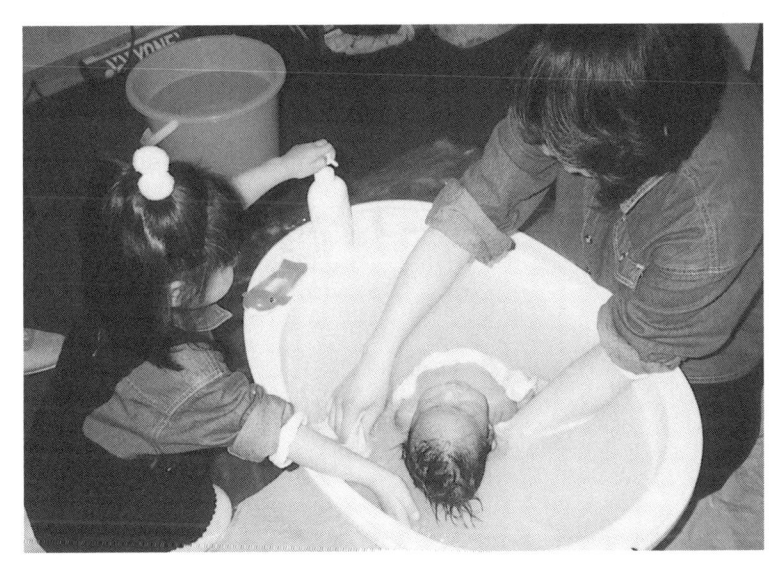

●第1章●

子どもの世話の意味

子育てって何だろう、と改めてその意味を考えた時に、それは親と子の心地良い交流でありそのことを通してお互いが幸せになることではないかと思います。子どもを産み、そして育てるという行為を通して、親は子どもから幸せや喜びを与えられ、そのことから私たちはおとなとして親としての生き方を考えます。子どもは親から幸せや楽しみを与えられ、それが子どもに人生を生きる力や勇気を与えます。このように考えると、子育ては未来に向かった仕事であり、親にとっては自分育ての絶好の機会といえます。

　特に乳幼児期の毎日の子どもの世話はその子どもが人として生きていくための最も大切な基礎作りです。その理由についてこれから話を致しましょう。

1　子どもの力

　赤ちゃんは、生まれてきた時には自分自身についても、自分とそれ以外の境界についても分からないままに存在しています。もちろん、ことばも持ち合わせてはいません。そんな赤ちゃんでも「泣く」「微笑む」といった行為を通してお母さんや周囲にいる人々を呼び寄せコミュニケーションをとることができます。赤ちゃんは不思議な力を持った生き物です。人は赤ちゃんを見れば声を掛け、その頬を触り、抱きしめたい感情にかられます。このような感情を抱くのはおとなだけではなく、隣に座っている幼児も同様で、赤ちゃんに頬ずりし、小さな膝に抱いてみたいといった感情を

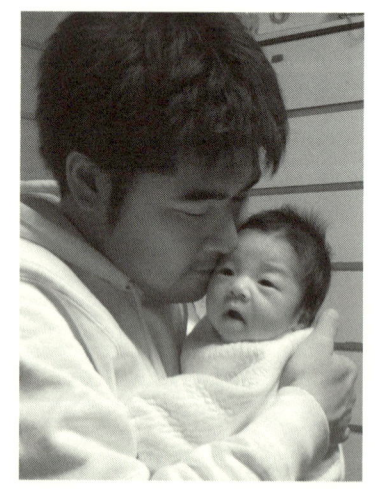

抱きます。こういった不思議な力を持った赤ちゃんの存在によって、人は自らの意思で彼らに何かをしてあげたいと感じます。このように、未熟で不思議な生き物が周囲の人々を自分の傍に引き寄せ、相手と関わりを持つことができるのは、人間の中に生まれながらにこのような力 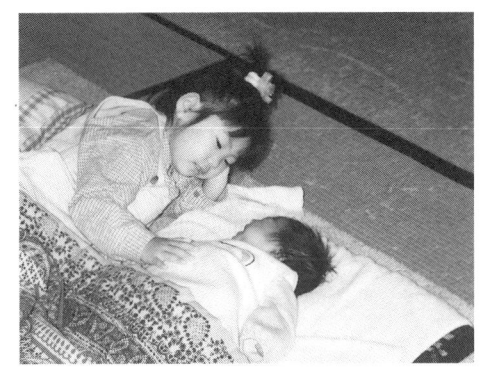 がプログラミングされているからです。そして、その時におとながどのように赤ちゃんの要求に応じるのかによって、その後の赤ちゃんの能力は大きくも小さくもなります。

　子どもたちは、人間として生きていくための力や方法を、周囲の人たちの対応から学びとる（獲得し自分の力にすること）ことで成長・発達します。ですから、おとなの対応は子どもの脳を育てていることなのです。子どもたちに大きな力を与えるのは、やはりいつも子どもの身近で世話をする母親や家族、保育士などです。

　赤ちゃんが素晴らしい力を獲得できるのは、自分の思いを相手に伝えたいという赤ちゃんの欲求と、それを理解したいと思うおとなの双方の思いが合致した時に生じるものです。

　そして、そのような欲求に対して、おとなが答えるべきものは何か、与えるべきものは何か、どのような方法でそれを行うのか、といった関わり方は子どものその時の発達によって異なります。ある時にはオムツ交換や授乳といった世話であったり、ある時には遊びであったり、ある時には見守りの視線であったり、またある時には励ましであったりします。このようなおとなの関わりを通して子どもは生きる力を育てていきます。ですから、子どもの欲求には適切に答えてあげたいものです。

2 子どもの欲求に答えること

　特に乳幼児の場合には、飢えや渇き、眠り、暑さ寒さ、保清、遊びなど生きることのすべてをおとなに依存して生活しています。これらのどれか１つが欠けても人として生きていくことはできません。言い換えれば、そのような状況におかれているからこそ、子どもは日々の親との関わりや対応、世話などを通して自分にとって重要な人は誰かをはっきりと認識し、その人との関係を特別なものとして強く求め、意識し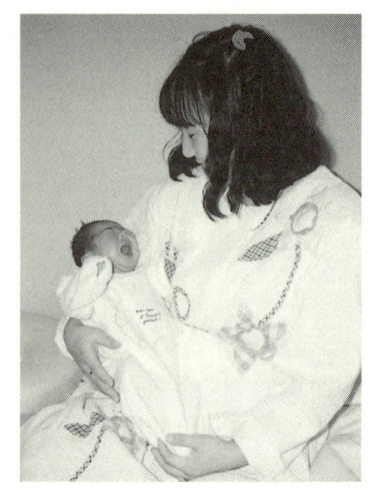
ます。このようにして形成された親と子の間の特別な強いつながりが「親と子のこころの絆」であり、愛着（アタッチメント）と呼ばれるものです。

　乳幼児がこのようなアタッチメントを形成する理由については、生きていくことのすべてを親に依存しているという大きな理由があるからですが、このことに込められた意味はそれだけではありません。人間として生きていくことの中には食べることや眠ることなどの身体的なことの他に、心を育てるという人間に特有の学習が含まれています。

　赤ちゃんは、自分の欲求に見合った関わりを、毎日毎日同じ方法で、繰り返し親から受けることによって物事に対する見通しが立つようになります。見通しが立つ、予測できるということは、親に対する子どもの安心感や安定感を育てることになります。親が自分の期待に答えてくれることが分かっている子どもは、安心して待つことができます。子どもの中に呼べば答えてくれる親の存在とそれを信頼する力が育ち、そして、それがやがては親を呼ぶことのできる自分自身の力を信じることへと発展していきます。つまり、人を信頼できるということは自分

を信じることができるということです。

このような関係がもし不信から始まったとしたらどうでしょうか。後に具体的な例をあげてお話しましょう。

3 乳児の発達課題

人には生まれてから死を迎えるその時まで、それぞれの年代で引き受けなければならない発達課題（役割）があります。そして、その課題を成し遂げ、また次の課題を引き受ける準備をし、最終的には人間としての円熟、成熟期を迎えることが必要となります。エリクソンは、これを8つの発達段階で示しています。

1）人を信頼すること

8つの発達課題の最初は乳児期の課題ですが、これは人を「信頼する」ということです。人間として生きていく最初の人との出会いが「不信」から始まらないようにしなければなりませんが、信頼するという力は子どもがひとりでに作りあげることはできません。周囲に子どもの欲求をきちんと受けとめ答えてくれる人の存在があってはじめて成立することです。「子どもの世話は毎日毎日同じ事の繰り返しばかりでため息が出る」と思っている方も多いことでしょう。でも、食べる、眠る、遊ぶなど、ごく当たり前の子どもの欲求に適切に答えるというおとなの対応こそが、その子どもが、将来人と接する際の人との関わり方、距離の置き方、間のとり方、またさまざまな人との関係に見通しを持って関わるその関わり方を教えることであり、これは非常に重要なことです。

親が子どもとの関わりを楽しみ、その1つひとつの行為を行う中で、子どもへの微笑みや語りかけ、そして優しさと愛情のこもった対応を行っていれば、子どももおとなとの関わりを楽しみ、それ以上の喜びをおとなに返してくれます。そのようなやりとりはおとなのこころを優しくし、生きる喜びを与えてくれます。子どもは人と人とが共に生きていく上で大切な「人を信頼することの基礎」をこのようなやりとりの

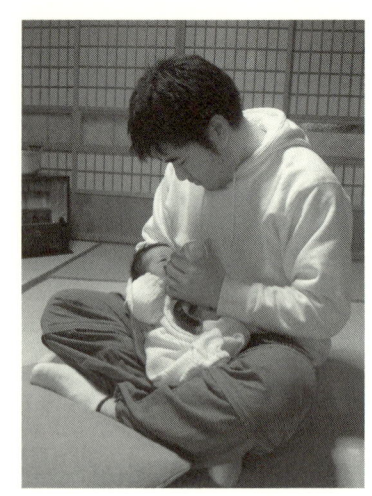

中から学習していきます。ですから、この時期の親子関係はその後の子どもの対人関係の基礎を形作る最も重要なことです。特に学童期、思春期、青年期にこころの問題や対人関係の問題が生じた場合に、しばしば幼児期の親子関係が成立していたのかどうか、どのような関係であったのかを問い直してみることが必要とされるのはこのような理由によるものです。

2）赤ちゃんの泣き

　ここまで述べてきたようなことも、子育てに不安感を抱いている人にとっては一層大きな負担と感じられたかもしれません。また「子育ては楽しい」と思っている人は多くいても、「子育てに自信がある」と思っている人はそう多くはいません。この時期の深く確かな絆の形成に必要なことは、赤ちゃんがして欲しいと求めていることに素直にきちんと応じてあげることなのです。例えば、「おなかが空いた」と泣いた時「おなかが空いたのね」と受けとめてそのことに答えてあげる。「オムツが濡れた」と泣いた時「オムツが濡れたのね」と受けとめてそのことに答えてあげる、そのようなごく当たり前のことです。遊んで欲しい、相手をして欲しいとの欲求も同じです。そういった行為を嫌々やるよりも赤ちゃんと

共に楽しみながら行った方がどれ程楽しく明るい気持ちになれることでしょう。

　では、もしも、赤ちゃんの泣きの理由が分らない場合にはどうすればよいのでしょうか。まずは、泣く時間帯を考えてみてください。生後1ヶ月位であれば2時間程で空腹を訴えて泣きます。母乳の量が足りない場合にはもっと短い時間で泣きます。2ヶ月以降になれば母乳を飲む量も増えるため3時間程間隔があきますが、母乳が不足する場合には短い眠りから目覚めグズグズと泣き、唇で乳首を探す様子が見られます。生後間もない赤ちゃんは全身の力を込めて母乳やミルクを飲みますので飲み終われば疲れと満腹感からすぐに眠ります。そうすると間もなく排尿のためオムツが濡れます。眠いのに眠れない場合にも泣きます。そのような時には抱きあげてゆっくりと動かしながら顔を見つめて子守唄を歌ってやり心地良さと安心感を与えれば眠ります。このように赤ちゃんが泣く理由は非常に単純なことなのです。赤ちゃんのしぐさや様子を穏やかな気持ちで見ていればことばがなくても何を求めているのかがよく分かります。

　老婆心で付け加えれば、赤ちゃんの泣きがいつもとは違い突然極端に激しく泣く場合には虫刺されや刺し傷などがないか全身を確認する必要があります。腹痛などの時には海老のように丸くなって泣きますし、赤ちゃんが力なく思い出したように何度となく泣くような場合や、幼児が熱はなくても日頃に比べて元気がなくゴロゴロと寝転がって過ごしているような場合には何か身体的な異常が考えられますので注意する必要があります。

4 単調な遊びの意味

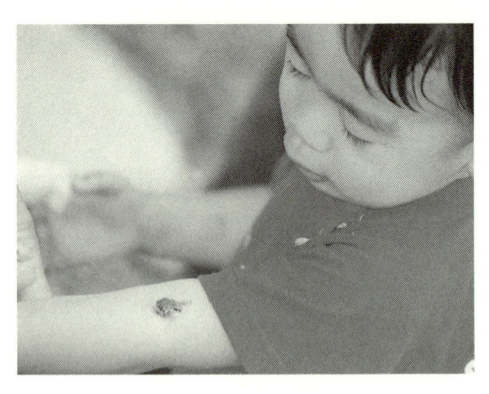

　赤ちゃんが少し大きくなり、表情が豊かに活発になる頃にはいろいろな物に興味を抱きます。そして、おとなの関わりによって電気をつけたり消したりできることや、ボールが転がることなどを知ると、自らその物に働きかけるようになります。そのような単調な行為をいつまでも続けていたいと訴えます。こういった単純な行為の繰り返しを子どもは"遊び"として楽しみますが、それは、子どもが電気の性質や、ボールは転がる特性を持っているといったその"モノ"の持つ性質についての学習をしたことを意味します。そして、ボールを転がしているのは自分であることやボールを転がす力を持っている自分の力にも気づきます。ですから、このような単純な繰り返し遊びも子どもにとっては大切な学習の機会です。でも、このような遊びもおとなの協力がなければ子どもがひとりでに経験することはできません。こういった遊びの相手はおとなにとっては退屈な関わりであるかもしれませんが、この体験が子どもに素晴らしい力や可能性を与えているということを知れば辛抱強く応えてあげることもさほど苦痛ではなくなるのではないでしょうか。このような関わりを通して子どもの満面の笑顔や「キャッキャッ」といった笑い声を聞くことができるのはごく短いこの時期の子育ての楽しみのひとつでもあります。子どもの研究に心血を注いだピアジェは、このような子どもの発達について感覚運動的発達段階として、3歳くらいまで続く重要な発達であることを述べています。

5 発達課題と子どもの意欲

　親と子の間に安定したアタッチメントが形成されることによって、子どもは人を信頼し、自分の力や可能性を信じる力を育てるということはすでに述べてきた通りですが、このような力は、いずれ子どもが保育園や学校に行き、また職場や社会の中で人と共存していくための重要な対人関係の基礎でもあります。このような「信頼感」を育てることがこの時期の子どもにとって大切な発達課題ですが、この課題を獲得している子どもは、その後にやってくる探索活動が可能になります。この活動は、親が傍にいなくても困った時には必ず親が助けてくれることを子どもは確信しているため、親の顔が見えなくても、声が聞こえなくても、安心して自分の行動範囲を拡大していくことができる力のことです。この活動は、子どもにとって大変重要な意味を持つ行動であり、あらゆる学習の基礎となります。このような活動を通して子どもは人との出会いや交流を楽しみ、物事に対する意味や関心を育て、自分の力をさらに磨くことになります。

　探索活動を行うことのできる子どもは、対人関係においても大きな問題に直面することなく、また問題に直面してもうまくその問題を処理する能力を備えるようになります。さらに、生涯の伴侶を得る際にも大きな支障を感じることなく、そして仕事に対する意欲も高いことなどが今までの研究から明らかになっています。

6 人見知りの意味

　人見知りによって泣くといった行動は子どもによってその時期は多少異なりますが、早い子どもでは4ヶ月頃から始まることもあり、長く続いた例としては小

学校入学後まで続いた子どもがいました。しかし、人見知りが小学校まで続くような極端な例は、父親との関係が弱く、何らかの理由により母子関係が異常に強くなった場合などに限られます。一般的には生後6ヶ月前後から人見知りが見られますが、これは、子どもが見知らない人を警戒して示す反応です。子どもにとって見知らない人は怖い人であり、その怖い人から自分を守って欲しいという救いを母親に求めて泣くのです。母親は自分を守ってくれる人であるとの認識が子どもにしっかりとあればこのような行動が表れます。しかし、人見知りの時期であっても、初対面の人に対して平気で抱っこされ、また泣くこともない場合には、見ず知らずの人とそうでない人との区別をする垣根が低いことを意味します。

　ですから、人見知りは親と子の関係を示すアタッチメントの別の指標（物指し）ということがいえます。周囲の人からの声かけに対して子どもが激しく泣く場合には、親はその相手に対して申し訳ないような気持ちになりますが、そのようなことを気にする必要はありません。むしろ、親子関係が成立していることを喜んでください。人の出入りの多い商家などの家庭の場合は例外として、最近では、人見知りをしない子どもが増えてきているとの報告があり、気になります。

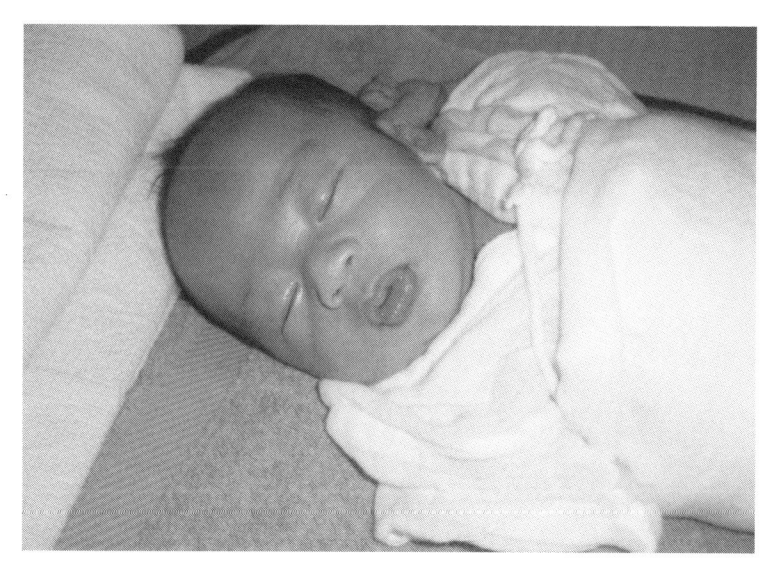

●第2章●

子どもの発達の特徴

子育て中の親を対象に行った調査項目の中に、「子ども」ということばからイメージする子どもの年齢を尋ねた項目を設けました。これに対してほとんどの親が「小学生まで」と回答していました。しかし、「あなた自身は何歳まで子どもだったと思いますか」との問に対しては「20歳まで」が最も多く、また、親になった現在も「まだ子ども」との回答も16％ありました。こういった回答などから、子育て中の親は自分自身に対する評価は甘く、一方で、子どもには早い自立を求めるといった姿勢が感じられ、現代の親の子育て事情を垣間見ることができたような気がしました。
　そこで、子どものことをもっとよく理解できるために、以下に子どもの発達の特徴を述べてみました。

1 子ども時代

　子どもの定義は、医学的な視点からは15歳まで、体の成熟といった生物学的な視点から見ると20歳まで、そして、社会的・法的な側面から考えると、子どもが1人のおとなとして認められるには20年を要します。
　ルソーは、エミール（岩波文庫）の中で"わたしたちはこの地上をなんという速さで過ぎていくことだろう。人生の最初の4分の1は人生の効用を知らないうちに過ぎてしまう。最後の4分の1はまた人生の楽しみが感じられなくなってから過ぎてしまう。…中略…死の瞬間が誕生の瞬間からどれほど遠く離れていたところでだめだ。その間にある時が充実していなければ人生はやっぱりあまりにも短いことになる。"と述べ、人の一生の始まりの4分の1が子ども時代で、この時期は後の人生を豊かにするための時間として存在していることを示唆していま

す。また"わたしたちは、いわば、2回この世に生まれる。1回目は存在するために、2回目は生きるために。はじめは人間に生まれ、つぎには男性か女性に生まれる。"というように、大人と子どもの境目にあたる青年期を表現しています。そして、成人期に充実した人生を送るための基礎やそのための環境を子ども時代におとなが保障することの重要性を述べているように思われます。

2 人間になるために

　動物の子どもは生まれて30分もすれば自分の力で立ち上がり、そして歩きだします。これは自然界の中で動物が自分の命を守る行動としてとても重要なことです。しかし、人間の子どもが歩くまでには1年間を要します。このような、人間と動物の違いについて、ポルトマンは彼の著書（岩波新書）の中で、人間の子どもは動物に比べて1年間早く生まれてきているとの"生理的早産説"を表しています。そして、生理的に早産したこの1年の間に、人間の子どもはことばを覚え、その意味を理解し始め、指差しなどでその関連性を示し、歩けるようになった2本の足で自分の欲求を満たそうとします。これは、歩けるようになるまでの1年間が、人間として生きていくための重要な基礎を獲得するための期間として大変意味のある1年間であることを示しています。また、動物の子どもは生まれて1年も過ぎればおとなになるのに対し、人間の子どもが、1人の人間として、社会の中で生きていく基礎を獲得するのには20年間もの育ちの期間を必要とします。これは人間が特有の課題を持っているためであり、動物とは異なる人間の特異性を示したものといえます。これらのことを考えても、子どもは単におとなを小さくしたものではないということが理解できると思います。そのため、子ど

もには子どもの育ちに必要な環境が準備されるべきであると考えます。

そのような重要な期間を任されているにもかかわらず、気軽に子育てを他者に委ねるような"コンビニエンス的な子育て"をしていて本当に大丈夫でしょうか。このような手抜きの子育てが将来どのような結果を生むのか、私たちは毎日のように新聞やＴＶなどで目にしています。現在報じられている子どもの問題は、このようなおとなの問題、社会の問題です。

スキャモンは次のような図を用いて20年間の人間の子どもの育ちを述べています。図の見方から説明致しましょう。縦軸に発育の割合を％で表してあります。100％のレベルがおとなのレベルです。横軸は０歳から20歳までの年齢が表してありますので、年齢に応じた各部位の発育の状態が理解できます。この図を見れば、子どものからだの発育がおとなとは全く異なることが分ります。そして、ここではそれに伴う子どものこころの発達についても併せて述べたいと思います。

■Scammonの器官別発育曲線

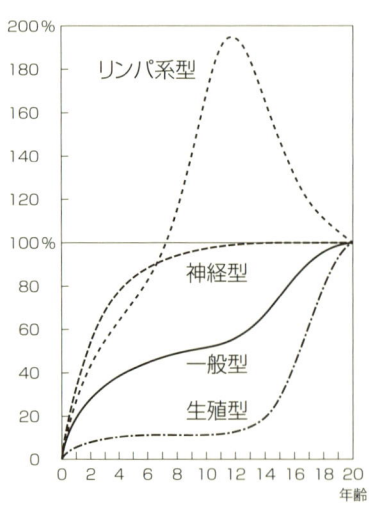

リンパ系型：リンパ節、扁桃 など
神 経 型：脳、脊髄、視覚器 など
一 般 型：呼吸器、心臓、血管、骨、筋肉、血液、消化器、脾臓、肝臓、腎臓 など
生 殖 器：睾丸、卵巣、子宮 など

3 免疫機能の発達

　リンパ型の発育は思春期まで急激な伸びを示しています。これは、子どもが生まれたその瞬間から、まず命を守ることを始めなければならないからです。そのため、からだの外から進入してくる細菌やウイルスに対抗する働きを持つリンパ系が大変な勢いで発達します。からだを守る働きである免疫については、妊娠末期の頃に母親の胎盤を通して子どもが受けとる免疫の他に、母乳からも腸内の正常な細菌を維持するのに役立つ免疫を受けとります。母乳は、赤ちゃんが生まれて数日の間に分泌される初乳が重要な役割を果たします。初乳は、黄色く濃厚な乳汁ですが、この中には免疫グロブリンが多く含まれています。でも、これらの免疫は一定期間しか効果がありませんので、その後は自分の力で外から入るウイルスや細菌と闘う力を育てなければなりません。そのために、このリンパ系は生まれた時から大変な勢いで成長を始め、思春期で最大となり、その後は下降し、20歳でおとなと同じになります。

　保育園で集団生活を始めたばかりの子どもは次々と病気をもらってきます。そのため、親は仕事を休まなければならず、これでは何のために保育園に入れたのか分からないと思われる方も多いのではないかと思いますが、これも子どもにとっては抵抗力をつける重要な過程なのです。その証拠に、乳児の頃には咳や鼻汁、発熱を繰り返していた子どもが2歳を過ぎる頃には驚くほど元気になります。

　また、抵抗力を高めることに関しては、食中毒による事故や有害物質によるアレルギーなどが身の回りに多いため、おとなは食べ物の管理や手洗いなどについて過剰に反応する傾向があります。そのためか、あるいはおとなの都合によるものか、泥んこ遊びをさせてもらえない子どもが増えてきました。でも、あまり過保護にしているとかえってからだの弱い、そして神経質な子どもに育ちます。子どもは外で大いに遊ばせ、暑さ寒さも、冷たさも、汚さも経験させてそれに適応

できる強いからだと、対処できる力を身につけさせることが大切です。汚れた手を洗う楽しさ心地良さ、そのような時についでにする水遊びで服を濡らす楽しさ、暑ければ帽子をかぶり、寒ければ上着を着るといったその時の状況に応じた行動を、子どもが自分で判断して行えるような力を育てたいものです。しかし、最近の子どもはこういった環境の変化を体感する力が低下し、またそれに応じた自分自身の身の処し方を考えることのできない子どもが多くなりました。これは、快適な室内での暮らしが中心の生活や、

すべての判断を親に委ね、指示されなければできない、考えもしないといった指示待ちの子どもを育てているおとなにその責任があります。

　子どもに、自分で考え、対処する能力を身につけさせるためには「今日は暑いわね。ママは傘をさすけど、あーちゃんはどうする？」といったような声かけを

するだけで十分です。そうすれば、子どもは"どうしよう"と考えるきっかけを与えられ、"今日は暑いのか"と感じる機会を与えられます。毎日の多忙な生活の中では親がしてあげた方がずっと楽でしょう。でも、玄関先で突然親から「はい、帽子」などといった形で理由も分からないまま強制的に行われている子どもは、生きる力を育てることができません。子どもが本来豊

かに持っている感性や、想像力、創造性といった力をおとなの都合で閉じ込めていないか振り返ってみる必要があります。

つい先日ですが、4歳の子どもが「春になって暖かくなったし、ダンゴ虫が出てきたよ」と教えてくれました。このようなことばを子どもの口から聞くと本当に嬉しくなります。

4 神経系の発達

神経型は脳や脊髄、感覚器官といった神経系の発達を示すものですが、これも生後すぐから急激に発達します。脳は2歳までに大人の60〜70％に達し、8歳でおとなのおよそ90％まで発達します。昔は「三つ子の魂百まで」と言われ、3歳までの子育ての重要性を主張し、そのために母親は子どもの傍に居て子育てをするのが当然であるように言われてきました。しかし、脳の発達の影響という点では特に重要なのは2歳までの発達です。脳は生まれた時に120億、あるいはそれ以上もの神経細胞を持って生まれてくるといわれています。しかし、細胞の数の多少よりも、細胞と細胞の間にたくさんのつながり（神経線維）ができることが大切です。特に2歳までの間にこの連絡回路を作るための物質が多く分泌されます。加えて、たくさんの体験とそれを支えるおとなからの暖かい励ましによりたくさんのつながりができます。このつながりを作るのに重要なのは、毎日の生活の中で行なわれる親と子の安定した心地良い関わりです。

また、太陽の光によって形成される眠りと目覚めの規則的な生活リズムと「はいはい」に代表される全身を使った運動も重要です。「はいはい」は全身の運動ですが、両手足を交互に動かすこの動きは大脳の前頭葉に刺激を送ります。大脳

の前頭葉は、人間が人間らしく生きていくために大変重要な部分で、ことばの発達を促し、豊かな感情や社会性の発達を育み、そして左右のバランスのとれたしなやかな動作を可能にします。

　このように書くと、早合点の人たちは「だから子どもは母親の傍で育てなければならない」などと母親だけに子育てを押し付けてしまいますが、そういうことではありません。子どもに良い刺激を送り、励ますのはすべてのおとなの役割です。現代の親は、子どもと関わった経験がないまま親になっている人が多くいます。子どもがどのような育ちをするのか知らない人たちに、子どもを産めば子育てができるはず、といった昔と今の環境の相違を無視し、子育てを母親だけの責任にしてしまうところに現代の子育ての問題があります。こういった周囲の目に、どれだけの母親が楽しいはずの子育てを苦痛に思い、また、そのように考えてしまう自分自身に対して罪悪感を抱き、その結果、母と子がどれほど辛い思いをしていることでしょう。その実態については後ほど述べることにして、ここでは、親やそれに代わる周囲の人と子どもとの心地良い関わりが子どもの脳を育てていることを知っていただきたいと思います。

5 からだの発達

　一般型は内臓や筋肉、骨などの発育やからだが大きくなることを表したものです。特に、乳幼児期と思春期には急激な上昇が見られます。この時期の発育を順調に進めるためには、規則正しい食・生活習慣を身につけることが大切です。特に朝食は1日の活動のエネルギー源ですから、脳がしっかり目覚め、そして1日の活動を支え、さらにからだの成長・発達を促すような食事をさせてあげたいも

のです。朝食をしっかり食べている子どもは体温が上がり、脳がしっかり目覚めます。体温が高くなると活動するエネルギーが生まれ、朝からダラーッとしていることがなく、皆と元気に過すことができます。そして、少々嫌なことがあってもはね返す逞しい子どもに育ち、遊びにも学習にもしっかりと取り組むことができます。

　私の研究室では保育園児の1週間の体温リズムと眠りと目覚めの睡眠覚醒リズム、コルチゾールリズムなどの生体リズムや朝食調べなどを4年間続けて行っていますが、子どもが朝食で最も多く食べているのは菓子パンです。主食と副食の両方をきちんと食べている子どもは20％程度です。朝食の内容と体温の上昇率の関係を比較すると、甘いものや果物はエネルギーが高いので一時的には体温が上昇しますが、やはり昼食まで体温が上昇し、あるいは維持されるのは主食と副食をしっかり食べてきた子どもたちでした。食事をしてきていない子どもや、ひと口ふた口何かを食べてきただけのような子どもは昼食の随分前に体温が下がっていました。これでは活発な子どもの1日を保障してやることはできません。

■ 0歳〜5歳児の「起床」・「就寝」平均時刻と平均睡眠時間　－保育園児の場合－

	平均就寝時刻	平均夜間睡眠時間	平均起床時刻
0歳	22時01分	9時間21分	7時22分
1歳	22時09分	9時間06分	7時15分
2歳	22時08分	9時間11分	7時19分
3歳	22時18分	9時間13分	7時31分
4歳	22時01分	9時間12分	7時13分
5歳	22時03分	9時間15分	7時18分

また、図は平成16年度のデータですがこれによると、園児の就寝時刻はいずれの年代でも10時過ぎ、中には0時、1時といった子どもたちがいて驚きました。平均睡眠時間はいずれも9時間、短い場合は7～8時間の子どもたちがいて、乳幼児にもおとなと同様に慢性疲労が蓄積しても不思議ではないように思われます。

　下の図は、現在の親が子どもだった頃の1980年と20年後の2000年の10時以降に寝る子どもの割合を表したものです。子どもたちの生活は随分と夜更かしになり、5歳児で10時以降に就寝する子どもの割合は4倍以上にも増えています。これはおとなの夜型の生活習慣の影響を受けての結果であると考えられます。先程も述べましたが、子どもには子どもの生活時間が必要です。保育園に来ている子どもは月曜日の昼寝のお漏らしが最も多いのですが、これはおとなと過ごした子どもたちの生活の乱れが翌日に残り、月曜日の子どものリズムを乱しているためではないかと考えらます。休日の子どもとの過ごし方を考えてみる必要があるのではないでしょうか。

■ **現代の幼児の睡眠状況** （出典：日本小児保健協会，平成12年度幼児健康度調査報告書）

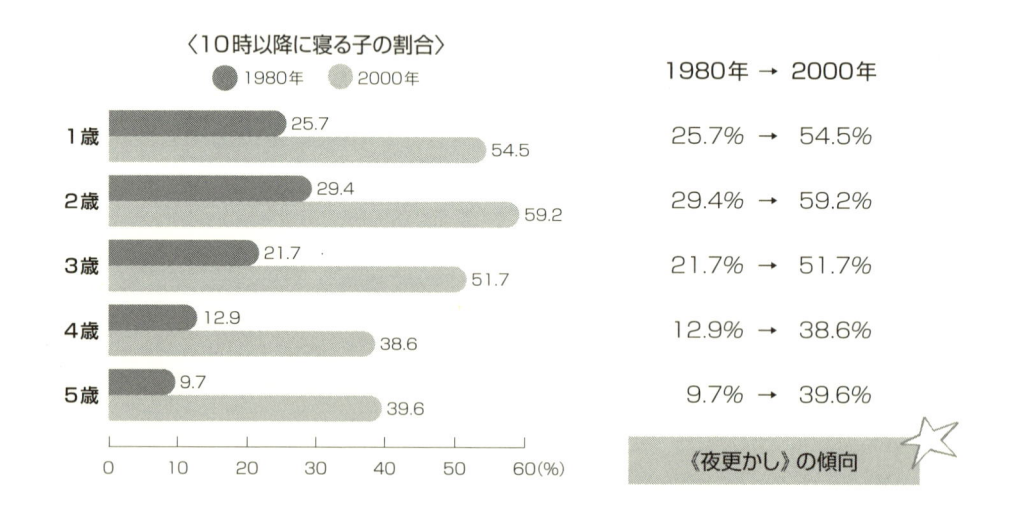

〈10時以降に寝る子の割合〉
● 1980年　● 2000年

年齢	1980年	2000年
1歳	25.7%	54.5%
2歳	29.4%	59.2%
3歳	21.7%	51.7%
4歳	12.9%	38.6%
5歳	9.7%	39.6%

《夜更かし》の傾向 ☆

6 生殖器の発達について

　最後に、生殖器の成熟について述べたいと思います。生殖器や内分泌系の発達は、学童期の半ば過ぎから少しずつ変化が現れ始め、思春期には急激な発達を示します。このような生殖器の発達は内分泌系のホルモンによって影響を受けます。

　特に女の子はいずれ母親となり、自分の体内で子どもを育てますので、自分自身の性との出会いは良い出会いであって欲しいと思います。最近では、早い場合には9歳頃から生理が始まる子どももいます。しかし、9歳の子どものこころはまだ自分の性を受け入れる準備ができていません。生理があまりに早く始まってしまうと、遊びに夢中になっている子どもはその手当てが間に合わず、失敗してしまうこともあります。そのようなことがいじめにつながるといったこともなくはありません。ですから、思春期を迎える前の女の子には特に気を配る必要があります。

　ある女の子は、母親が不在の9歳の春に初潮を迎えました。彼女は、それまでにまだ生理についての話を全く聞かされていませんでした。そのため、自分のからだに起こった変化を肯定的に受け入れることができずに、自分の胸の膨らみを隠すために、夏でもベストを着たままで過ごし、1年経ってようやく脱ぐことができました。

　また、初潮が始まったばかりの子どもはおとなのようにその後も規則的に生理がおとずれるとは限りません。順調な子どももいればそうでない子どももいます。

　ある母親は子どもの生理が不規則なのを気にして、高校生になったばかりの子どもに何も告げないまま、いきなり産婦人科の外来に連れて行き診察を受けさせました。その子は、その時のショックを引きずり、半年経った今でも時々相談に来ます。この時期の子どもに対するおとなの対応はよく考えて行って欲しいものです。

思春期に自分の性とどのように向き合うかは、その子どものその後の生き方に大きく影響を及ぼします。自分の性ときちんと向き合う機会を持つことができれば、命を守ることの大切さにも気づくことができます。そして、その機会を通して、敬遠されがちな、性感染症や避妊などの話も親子の間でできるのではないかと思います。

　ひと昔前までは、女の子が初潮を迎えると赤飯を炊いて祝っていました。これは子孫を増やし家や国を守ることを願う考えが強かった時代の名残でしょうが、現代でも成長していく我が子を勇気付け、励まし、子どもの成長を共に喜ぶという意味で祝ってあげたいものです。

　男の子の場合にも、女の子と同様に、小さい時から排尿後の始末の仕方などに始まり、陰部を清潔にすることや精通現象のこと、男性として大切にしなければいけないことなどを伝えていく必要がありますが、これは、父親など男性の方が適役ではないかと思います。

7　「キレない子ども」を育てるために

　数年前より、些細なことから感情を昂らせ、暴言をはき、相手に暴力を振るうといった「キレる」子どものことが話題になっています。なぜこのような子どもになるのか、その原因について考えてみたいと思います。1つにはそのような行動を親の態度から学ぶことが考えられます。またおとなの対応のまずさが、自分の思いを自分の言葉で十分に説明できない子どもをそのような行動に走らせてしまうことも考えらます。

　ここではこのようなキレる子どものことについて、生活習慣との関連から考え

第2章 子どもの発達の特徴

てみたいと思います。生活習慣についてはすでに述べましたが、図に示したように、太陽の周期によってコントロールされる24時間の睡眠覚醒リズムと体温リズムが整った状態にあることが大切です。赤ちゃんが眠くてむずかっている時に

■ 生体リズムのメカニズム

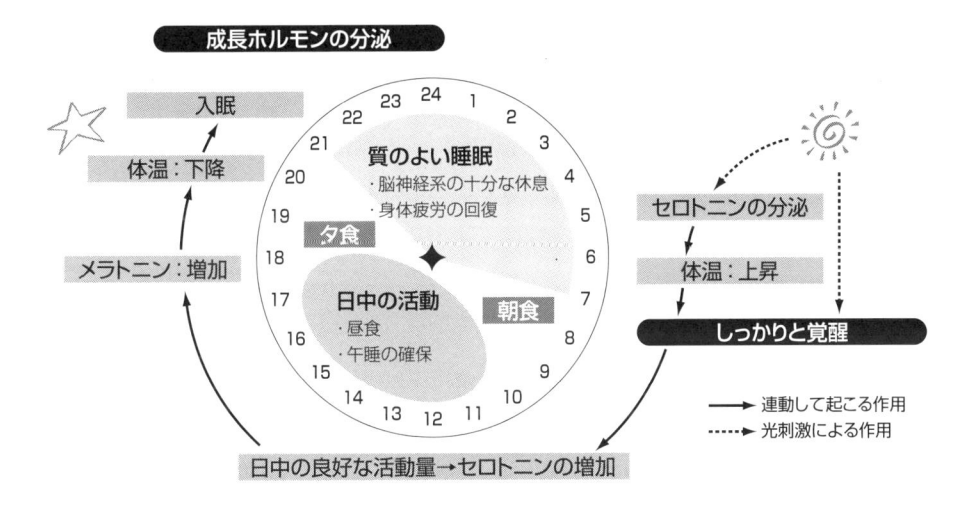

成長ホルモンの分泌
入眠
体温：下降
質のよい睡眠
・脳神経系の十分な休息
・身体疲労の回復
夕食
朝食
メラトニン：増加
日中の活動
・昼食
・午睡の確保
セロトニンの分泌
体温：上昇
しっかりと覚醒

→ 連動して起こる作用
⇢ 光刺激による作用

日中の良好な活動量→セロトニンの増加

■ 理想的な生体リズム

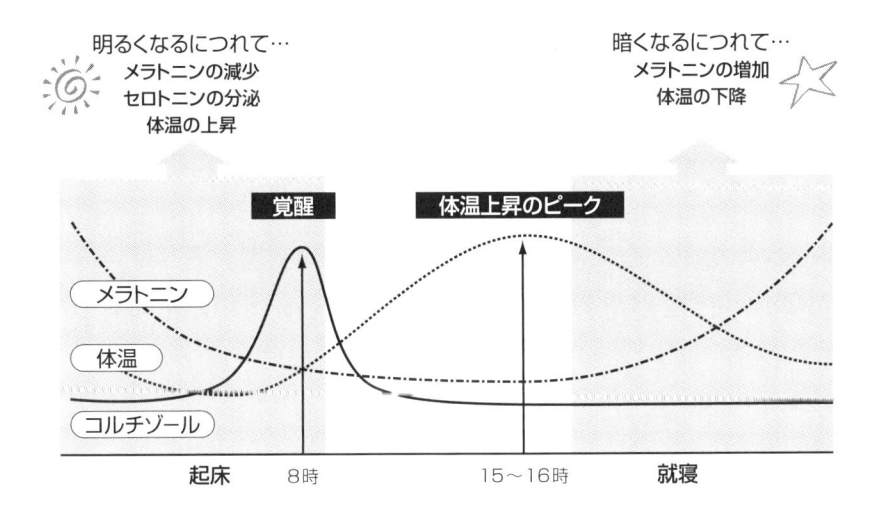

明るくなるにつれて…
メラトニンの減少
セロトニンの分泌
体温の上昇

暗くなるにつれて…
メラトニンの増加
体温の下降

覚醒　　体温上昇のピーク

メラトニン
体温
コルチゾール

起床　8時　　15〜16時　就寝

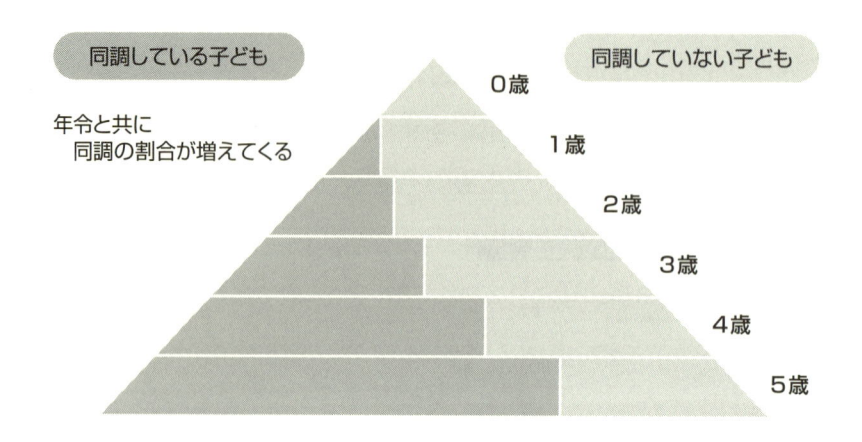

■ **生体リズムの同調・脱同調の年齢別割合の比較**

同調している子ども　　　　　同調していない子ども

年令と共に
同調の割合が増えてくる

0歳
1歳
2歳
3歳
4歳
5歳

　手足をさわると暖かくなっています。このように、赤ちゃんは眠くなるとからだの熱を外に放散して体温を下げ、眠りにつく準備をします。また、夜になり周囲が暗くなるとメラトニンが分泌され体温を下げ、良好な睡眠が得られ、脳やからだを休めるように働きます。体温は夜中の2時頃に最も低くなります。そして、朝目覚める頃には、日の光によってメラトニンが減少し、体温が上がり始め、目覚めを促します。

　このような、日の光によってコントロールされた睡眠覚醒リズムと体温のリズムがバランス良く整った状態を生体リズムが同調した状態と呼び、子どものこころとからだの発達に重要な役割を果たします。同調は、図に示したように、2歳頃から始まり、年齢と共に生活が整ってくるにつれてその割合は増加し、5歳児では7割近くの子どもが整ってきていました。整った生活習慣が子どものこころやからだにどのような影響を及ぼすのか、以下に述べます。

1）体温と活動能力

　体温が高くなると人の活動能力や作業能率は高まり、子どもは十分に遊ぶことができ、仲間との交流を楽しみます。また、通学中の子どもたちは十分に学習に取り組むことができます。ですから、子どもには質のよい十分な睡眠と朝食、そして早寝早起の規則的な生活習慣を身につけさせることが大切です。このことによって子どもの脳はっきりと覚醒し、活動できる状態になります。しかし、最近の子どもたちの朝食はすでに述べたような状況ですから、何割の子どもたちが保育園や学校で朝から十分に活動できる状態にあるのか心配です。また、夜更かしの生活をしている子どもは睡眠時間が十分にとれず、朝食を食べる意欲もないまま保育園や学校に出かけて行きます。すると、彼らは午前中の体温が十分に上がらず、脳の覚醒も不十分なままで集中力がなく注意散漫となり、大切な午前中の活動には積極的に参加することが難しくなります。こういった状況は、子どもに皆と同じように活動する機会を妨げ、子どもの自信ややる気を失わせる原因につながります。ですから、このような子どもは、活気がなく、何かにつけて「つまんな～い」という子どもになります。そして、楽しみを自分から探すこともできずに誰かに与えてもらうのを待っているか、それが気に入らないと不平や不満を言うことが多くなります。この状態が長く続けば、その子の性格にも影響を及ぼします。そして、このような子どもが、誰かに自分を認めて欲しい時の自己主張は、相手にチョッカイをかける、嫌がることをする、または、自分が気に入らない場合には他の子どもに怒りをぶつけ、他の子どもの作品を壊すといった方法で自分の気持ちを表現します。このような子どもは、周囲から見れば人との関係がうまくとれない子ども、乱暴な子ども、キレやすい子どもということになります。

　また、夜型の生活をしている子どもは夜の睡眠時間が十分にとれないだけではなく、夜の睡眠中に分泌される成長ホルモン（からだを成長させるホルモン）の分泌量も少なくなります。

■ **睡眠のしくみ**

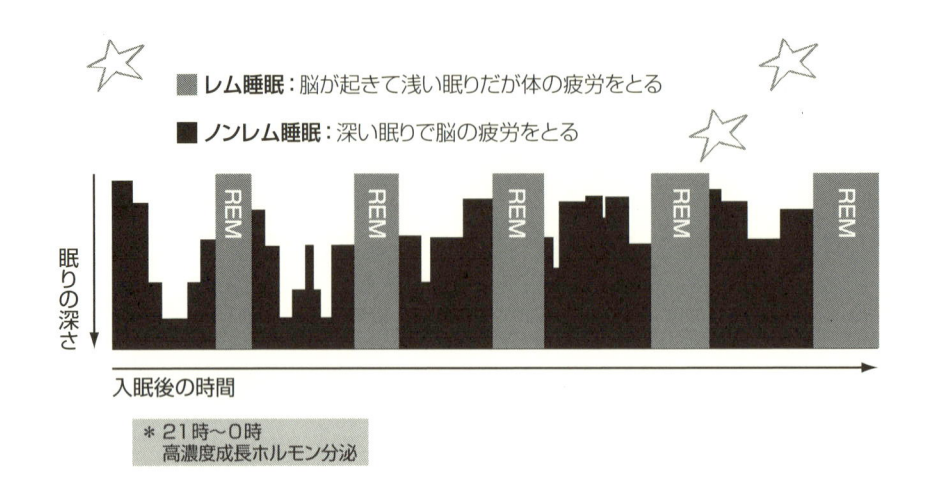

■ **レム睡眠**：脳が起きて浅い眠りだが体の疲労をとる
■ **ノンレム睡眠**：深い眠りで脳の疲労をとる

眠りの深さ →
入眠後の時間 →

＊21時〜0時
高濃度成長ホルモン分泌

　睡眠には、図に示したように、レム睡眠とノンレム睡眠という2つの眠りの種類があります。そして、この2つの眠りが、ひと晩に5〜6回交互に表れます。成長ホルモンが分泌される睡眠は寝入りばなから3時間程続く深い眠りの時の9時から12時までの時間帯が重要です。特に子どもが就学前になり昼寝をしなくなると、高濃度の成長ホルモンがこの時間帯のノンレム睡眠に分泌されるといわれています。

　「眠りは満足の産物である」と言われるように、日中子どもがどれだけ楽しく充実した時間を過ごすことができたか、また目が覚めれば今日はどんな楽しいことが待っているだろうかと期待しつつ眠りにつけるようであればもっとよい睡眠が得られるのではないかと思います。早寝早起をし、十分な睡眠時間を確保してあげることは子どもにとってとても大切なことです。

　体温の上昇と人の活動レベルの関係については、すでに述べましたが、30年前の子ども、つまり今子育て中の親が子どもだった時と、今の子どもの体温を比べると、今の子どもたちは昼間の体温が0.5度程度低くなっていることが分っていま

す。これはまさに生活習慣と生活の質の違いではないかと思われます。夜型化した生活に加え、現代の子どもたちは幼い頃より暑い時には冷房の部屋で過ごし、寒い時には暖かい部屋で過ごすといったように常に快適な環境におかれ、屋外での活動が減少しています。そのため、子どもたちは暑い夏に外遊びをしてもなかなか汗をかきません。老人と同じように体内に熱がこもりやすくなっているのではないかと考えられます。茨城にある、ある保育園の子どもたちの平均体温は、36.9〜37.1℃でした。このような高い体温を維持できるのは外で遊ぶ時間が長く、冷房のない生活を送っている子どもたちだからこそではないかと考えます。

　子どもの外遊びが少なくなったのはなぜでしょうか。子どもを安心して外で遊ばせることのできる環境が少なくなったこともその原因としてあげられますが、一方で、子どもに綺麗でいて欲しいと願う母親が増えたことにもあるのではないかと思います。家の中で過せば服を汚される心配もなく、洗濯物も少なくて済みます。そして、何よりも親は外に出て子どもの相手をしなくてもいいので楽だと思っている人が多いかもしれません。でも、本当にそれでよいのでしょうか。おとなにとって快適で便利な生活と引き換えに、子どもたちは大切なものを失いつつあります。服の汚れが気になるなら、汚れても気にならない服を着せてみればどうでしょうか。こんなところにも、子どもの育つ力を弱めていることがあります。

　20年以上も前になりますが、私は3人の子どもを保育園で育てていただきました。その頃の保育園は外遊びが多く、3人が同時に保育園へ行っている頃は毎日の汚れ物の量は大変なもので、毎日洗濯機5回分の洗濯物がありました。でも、洗濯をするのは洗濯機ですから苦にはなりません。それよりも3人の子どもたちそれぞれに、自分の汚した物を持たせて帰り「たくさん洋服が汚れたのはしっかり遊べたからだ」とほめてやることにしていました。そうすると、子どもたちは得意顔で、我先に保育園で何をして遊んだのか話してくれました。外で元気に遊んだ子どもたちは夜遅くまで起きていることができずに早くに眠ってしまいまし

た。3番目の子どもなどは、きょうだいの後を追っかけるようにしてくっついて遊んでいましたので、夕食時には疲れ果て、お箸を持ちながら眠ってしまうようなこともしばしばありました。そんな子どもたちに、小学校の6年生まで本の読み聞かせをしてやりましたが、子どもたちによれば、一番先に眠ってしまうのは母親の私だったようです。

2）生活習慣と社会性の発達

　子どもの生体リズムは年齢が高くなり、生活習慣が整うにつれて整う割合が高くなってきますが、ここでは、生活習慣の良好な子どもとそうでない子どもの社会性の発達を比較してみました。図は友達との関係や決まりを守るなどの社会性の発達と、仲間はずれになるような孤立傾向や、キレやすく口よりも手を出すのが早い攻撃性、集中力がなく注意散漫といった問題行動について、生活習慣が整っている子どもとそうでない子どもとで比較してみました。社会性は、得点の高い方が社会性の発達が良好で、問題行動は得点の高い方が問題行動の多いことを示しています。

■生活習慣と社会性の発達　－5歳児－

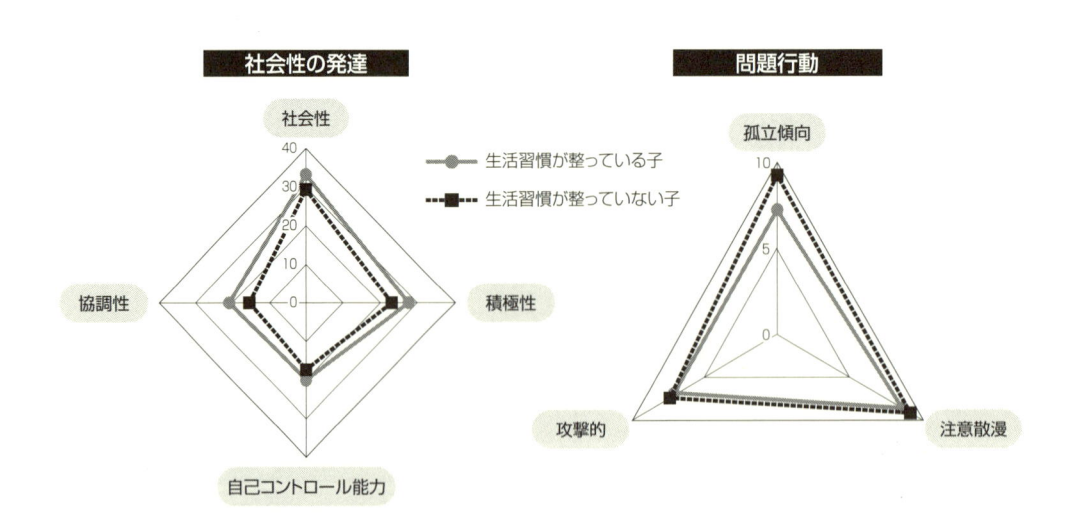

図に示すように、十分な睡眠時間をとり、早寝早起きをして保育園の全体活動が開始される時刻までに登園している子どもとそうでない子どもでは、生活習慣の良好な子どもの方が社会性の発達が良好でした。また、睡眠時間が短く、夜更かしをして朝起きが苦手な子どもは問題行動の多いことが分りました。

　以上のことから、こころとからだのバランスがとれたキレない子どもを育てるためには、早寝早起きの規則的な生活を送らせ、質のよい十分な睡眠を確保し、コンビニ弁当や菓子パンではない、子どもの１日の活動を支えることのできるような朝食を摂らせることが重要であると考えます。また、そのような環境を整えられる親は子どもとの間にきっと心地よい交流があるものと思います。

3）子どもの特徴

　２歳の保育園児の食事の様子を見ていてのことです。食事の時に少量の汁をこぼして「ごめんなちゃい。ごめんなちゃい」と謝っている子どもがいました。翌日も彼女は食事用のエプロンにケチャップを付けてしまって「ごめんなちゃい。よごれちゃった。ごめんなちゃい」と不安な顔で謝っていました。担当の保育士は「大丈夫よ、心配しないで」と話していましたが、怯えたように謝るその子の姿を見ていて、家庭での親の対応を考えることは容易にできました。その子が家で食事をする時には、服やテーブルの上を「汚さないこと」の注意の他に、２歳児がスプーンですくってもこぼれないような特別な食器を使用しているとのことでした。でも、それが子どものどのような力を育てることになるのでしょう。子どもは、失敗を経験することで成功する方法を学習し、そういった多くの体験から物事の流れや全体を見通す力が育っていきます。今、彼女が学習していることは、失敗に対する恐れと、親に対する恐怖心でしょうか。

　本来、子どもというものは何にでも興味を持ち、常に動き回り、「やってはダメ」と禁止されることをしたがる特徴を持っています。子どもにとっては、注意

されるようなことほど楽しいことなのでしょう。その理由の1つには、子どもには興奮作用をもたらすドーパミンと呼ばれる神経伝達物質の多いことがあげられます。このため、子どもはエネルギッシュで、興奮しやすく、おとなにとっては手のかかる存在なのです。それが子どもです。このような興奮作用のあるドーパミンの働きを抑える物質にセロトニンがあります。セロトニンは昼間分泌され、夜には減少するというリズムを示しますが、セロトニンの分泌を促すためには、はいはいや規則正しい睡眠覚醒リズム、そして、しつけが大切です。しつけというのは、共に同じ屋根の下で暮らすおとなが子どもが心地よく過ごす為のルールを子どもへ一方通行ではなく、互いの信頼関係のもとに伝えていくことです。

　子どもの好奇心を高めるのに必要なドーパミンとそれをコントロールするセロトニンは、どちらも子どものこころとからだのためには非常に大切なものですから、この2つがバランスよく分泌されることが望ましいのです。しかし"キレる子ども"の場合には、ドーパミンが多すぎ、それを抑えるセロトニンの分泌が不足している状態が考えられます。つまり、"キレる子ども"は生活習慣が乱れ、しつけがきちんと行われていない子どもたち、言い換えれば、おとなと子どもの交流が欠如している子どもということになります。

　このように考えると、子どもがきちんとした生活習慣やマナーを身につけるためにはおとなにその役割や責任があるはずですが、現実には"キレる子ども"だけが問題視され、その根本原因であるおとなの対応の見直しはなかなか進んでいないのではないでしょうか。

第3章

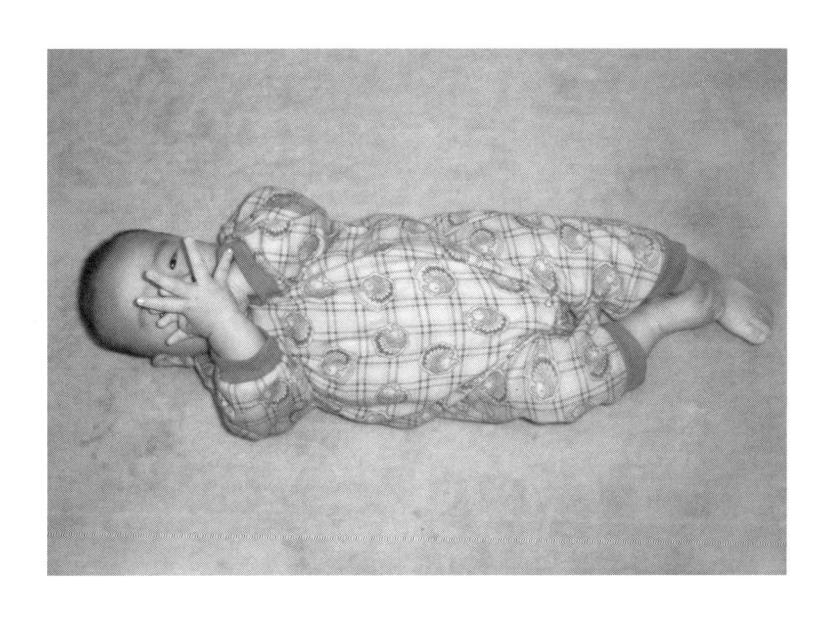

子どもの姿から発達を考える

子どもは生きていく力を獲得するにつれてさまざまな発達の姿を見せてくれます。それは、歩き始める、ことばを話すなどの分り易い形で現れるものもありますが、素直に言うことを聞いてくれなくなったり、物事にこだわるようになったり、というように時にはおとなを困らせるような行動の場合もあります。このような時に、おとなは「子どもの言っていることが分らない」と言い、おとなにとって理解できない子どもの行動を「わがまま」、「反抗期」、「生意気」といったおとなの視点からだけで評価しようとします。このようなおとなの対応は、子どもにすねる、ねたむ、表現できない怒りといったねじれ現象を学習させます。そこで、子どもの姿から発達の様子を確認し、子どもを理解することができるように、この章では発達に導かれる子どものことばや姿を具体的に示し、それに対するおとなの関わり方について、年齢を追って考えてみたいと思います。

1 乳児期に気をつけたいこと

　出産の時期が近づくと、かわいい孫の顔を見たいおとなたちは、いろいろなおもちゃを購入します。しかし、おもちゃは子どもの発達に応じて与えられることが必要です。例えば、外界とのつながりが不十分な、生後1ヶ月の赤ちゃんの頭の上で、メリーゴーランドを回すようなことをすると、目は見えますがまだ360度の追視（目で人や物の動きを追いかけること）ができない赤ちゃんは目を回してしまうかもしれません。

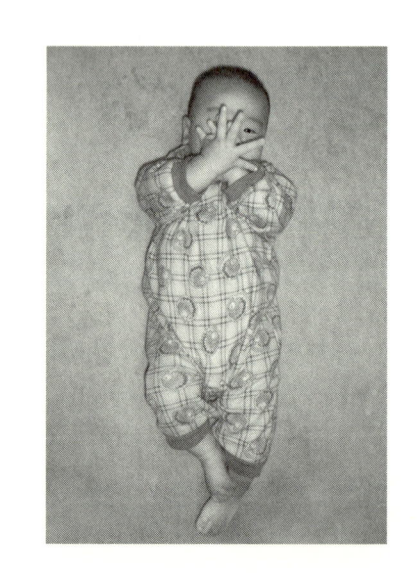

また、赤ちゃんは目の働きと同じように、唇の感覚も早くから発達しています。そこで、赤ちゃんは指に触れたものは何でも手当たり次第に口に運びます。そして、それが硬いものか柔らかいものか、また噛んで痛いのは自分のからだに備わっているもの、そうでないものは自分以外のものといったような確認作業を行います。赤ちゃんは、目に入ったもの、手に触れたものを何でも口に持っていこうとするのはそのような理由からですが、

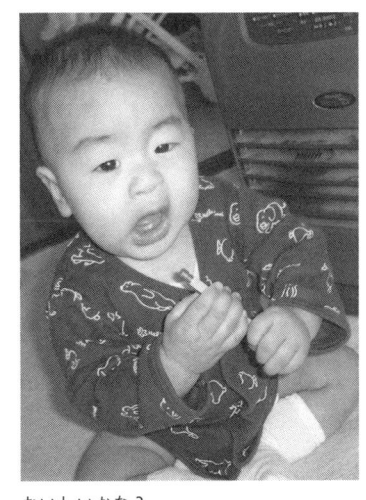

おいしいかな？

この時期には子どもの誤飲による事故が多くなります。このことが災いして、口に入れた物が鋭利なものであることもあり、タバコのように有害なものであったりすると非常に危険です。また、口に運んだ物が食道ではなく気管支に入ってしまったため、全身麻酔で取り出すような大騒ぎになった例もあります。特に、ピーナッツはつるりと喉に入りやすく、赤ちゃんの誤飲では最もよく報告されるものですが、ピーナッツのように乾燥したものは気管支に入ると、体内の水分を含んで柔らかくなり、挟んで取り出すことができなくなります。

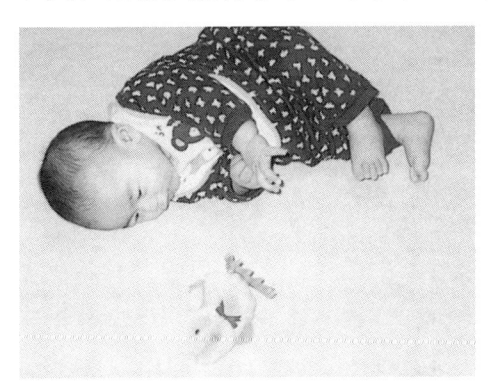

さわりたいのに…。まだ手も足も出ません（6ヶ月）

座ってはみたもののどうすることもできません（6ヶ月）

では、赤ちゃんの周囲には何も置かないようにすればいいのでしょうか。そうではありません。大切なことは、赤ちゃんは何でも口に入れてしまうという行動

上の発達の特徴を周囲のおとなが理解した上で、危険な状況が予測できる物を置かないようにすることです。そして、安全なものであれば、発達した器官を存分に活用できるように、むしろ積極的に傍に置いてあげましょう。例えば、口に持っていっても色落ちしないおもちゃ、噛んだり叩いたりしても壊れないもの、口の中には入らないような大きさのもの、触った感触が心地よい木製のおもちゃなどはいかがでしょうか。

2 「はいはい」は全身運動の基本

　次に、全身を使って遊ぶからだの発達にも注目してみましょう。乳幼児期の全身運動で最も重要なのは"はいはい"です。"はいはい"は人間が脊椎動物（背骨を持った）として存在し、次の発達を支えるために全身のバランスの良いしなやかな動きを可能にするための大切な運動です。このような、手足を前後左右交互に動かす運動は脳を刺激する重要な役目も果たしています。

　寝返りをする前の赤ちゃんをよく見ていると、仰向きのまま両足とおしりを高く持ち上げたり、足をクロスさせたりといった動きをよくしています。こういっ

ティッシュは取れたのに…

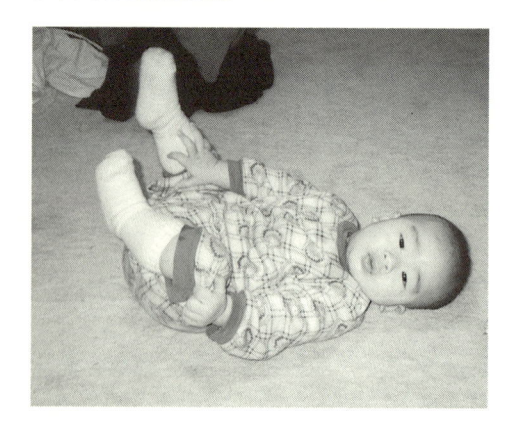

た寝返りの練習を1週間程行った後に、ようやくある時タイミングをつかみ寝返りをします。ですから、寝返りはある日突然できるようになるわけではありません。そして、寝返りが上手くできても元に戻ることはできません。ちょうど写真のように、前にも後ろにも進めずに真っ赤な顔をして唸っています。やがて、助けて欲しいと泣きだします。ここでおとなの介入が入るわけですが、唸っている間はまだおとなの出番ではありません。辛抱強く頑張っている姿を見守っていてください。やがて赤ちゃんが疲れて泣きだしたらその時には抱き上げて頑張ったことをうんとほめてあげてください。赤ちゃんは元のように上を向けて寝かせてあげるとまた再び寝返りをします。このように、赤ちゃんが困り、自分で何とかして欲しいと訴えるまでは手を出さない方がよいでしょう。ウンウンと唸って自分の頭を持ち上げる行動や、寝返りをした際にからだの下になってしまった自分の腕を引っ張り出そうとしてもがいている間は自分で頑張らせ、どうしても引っ張り出せない時には少し手伝うことも必要です。こういった動作は、次にやってくる「はいはい」の動作を獲得するための必要な動きです。「はいはい」は蛇の蛇行と同じで背骨の動きをスムースにし、そのことで背骨を支える周囲の筋肉を鍛え、写真にも示したように、足の指で床を蹴り、しっかりと前進します。ですから、この運動は、次にやってくるお座りやつかまり立ち、歩行や移動の際の姿勢を支えることになります。早い時期から歩行器を使用することが多く、また、

「はいはい」には足の指が大活躍

膝に抱かれてばかりいた赤ちゃんはこのような機会が失われ、下半身の弱いしっかりとからだを使って遊べない子どもになります。

　第2章の神経系の発達や「キレない子ども」を育てるためにのところでも述べましたが、セロトニンの分泌を促すためには乳幼児期の「はいはい」は重要な働きを持っています。これは「はいはい」の動作が大脳の前頭葉を刺激するためですが、大脳の前頭葉は言語の発達や感情のコントロールといった人間が人間らしく存在するために必要なことに直接関わる部分であり、社会性の発達にも大きく影響します。このように大切な発達の機会が、都会の住宅事情やおとなの便利で快適な生活のために、早くからベビートッターや歩行器に取って代わられるようになりました。子どもが"はいはい"をする時期には十分にその機会を与え、おとなの都合よりも、子どもの発達に必要な支援を最優先に考えたいものです。

これまでに鍛えてきた手足が大活躍

第3章 子どもの姿から発達を考える

3 指先の器用さを育てましょう

　写真にも示しましたが、子どもの指の発達にも注目してみてください。初めのうちは5本の指と掌を使って物をつかんでいた可愛い指が、そのうち親指と人差し指と中指の3本で物を持つようになります。そして、やがては親指と人差し指の2本の指だけで物をつまむという高度な発達を見せてくれます。この段階になると子どもの遊びはますます楽しく豊かになります。ティッシュペーパーを引き出し、障子紙を破り、

5本の指が大活躍

新聞紙を破るといった指使いの名人になります。「指は突き出た大脳」と呼ばれています。ですから、このような指先の器用さが引き起こす騒動を見かけられたら「今、大脳を育てているのだな」と思ってください。これは発達が順調に進んでいることの証です。人間に特有な親指と人差し指の対応が可能になったことを意味します。このようないたずらは発達とともに別の行動に発展し、やがては見られなくなります。このように、子どもの発達が分かれば、おとなは子どもの行動を苛立ちではなく、いつ我が子にそのような発達が現れるのかという見通しを持った楽しみとなるのではないでしょうか。そして、赤ちゃんの発達がしっかりと進むようにしてあげたいと思われることでしょう。

　でも、最近のおとなは、指先を鍛えることが大切と言えば、指先だけを鍛えるおもちゃに集中しがちですが、乳児期の指先の巧緻性高めることは全身の運動を豊かにするための大切なひとつの過程なのです。人間の社会で生きていくための学習、社会化のひとつですから特別なことを計画する必要はまったくありません。

　ある障害を持った7歳の女の子は、1年間くる日もくる日も朝から眠るまで人

と会話をすることもなく、紙ちぎりだけを繰り返してきました。ところが、その次の年には1年間鍛えてきたその指先を生かして細かい工作ができるようになり、たくさんの飾りを作るようになりました。遊びの内容が豊かになったのです。また、その半年後には自分でトイレでの排泄後の始末もできるようになりました。おとなはなかなか気がつきませんが、健康な子どもも、障害を持った子どもも、次の発達を迎えるための準備をそれぞれの段階で同じように行っています。

指でしっかり支えています

障害を持った子どもたちは、障害のない子どもたちよりも、次の発達を迎える

ボールを持っては動けません

ための準備に長い時間が必要となるだけで、障害を持っていようと持っていまいと子どもの発達の道筋はみな同じです。障害を持っていても、子どもたちは素晴らしい発達を見せてくれます。

　障害を持っていることによる問題は、障害があることで1つひとつの発達の段階を越えるために、あるいはある1つの行動を獲得するために長い時間が必要になることです。また、障害のために脳からの指令が間違って伝達され、正しい動きを修得することができずに人の援助が必要となります。援助がなければできないということは、必要な体験や繰り返しの学習の機会が少なくなるということです。障害を持っている子どもたちは、そうでない子どもたちよりも、もっと多くの発達に必要な体験や学習の機会が与えられなければなりませんが、現実には障害を持った子どものほうがずっと厳しい環境に置かれています。

4 優れた器官の発達を見直して

　子どものからだには、生まれながらに優れた器官が準備されています。しかし、おとなの都合でこれらの器官を十分に機能させないような働きかけが実にたくさん行われています。

　2歳を過ぎてしっかりと歩けるようになった子どもが、口にはおしゃぶりをくわえ、懸命にそれを吸いながら、スーパーマーケットの中を両親に手を引かれて歩いています。このような光景はよく見かけることではないかと思います。

　人間の子どもは、はいはいによる移動から自分の2本の足でしっかりと立って歩く直立二足歩行を獲得する頃にはとっても大事な発達が見られます。写真に示したように、それを確認する方法に子どもの指差しがあります。遅くとも1歳半までにはこのような行動を見ることができます。指差しは、子どもが対象物をはっきりと認め、それが何であるかを指し示す行動です。このような行動はことばの獲得と関連があり、対象物とそのモノの呼び名の一致を示す行動です。ことばとして表現されなくてもそれを理解し、他のものから特定のモノを区別してそれを選ぶことを始めている行動です。子どもの様子を見ていればそのことをはっきりと表していることが分ります。

　このように、人間の子どもが直立二足歩行を獲得する頃には、立つことによって手が自由になり、自由になった2本の手と2本の足を活用して目標物を確認し、それに向かって移動します。まさに、この時に、それまで親から語りかけられ、学習してきた知識が"ことば"となって生まれます。つまり、2本の足で歩くこととこと

「ヒ・コ・キ」上手に指差ししています。
まもなくことばが生まれますね（1歳児）

ばが生まれることとはつながっているのです。このような大事な時期に赤ちゃんの口がおしゃぶりで塞がれていてはどうでしょうか。おとなは赤ちゃんの泣き声がうるさいからという単純な理由でおしゃぶりを与えますが、おしゃぶりを使う機会は、例えば、子どもが心臓などに病気を持ち、泣かせることができない場合などや、体力の消耗を最小限にとどめる必要がある病児の場合などに限られます。

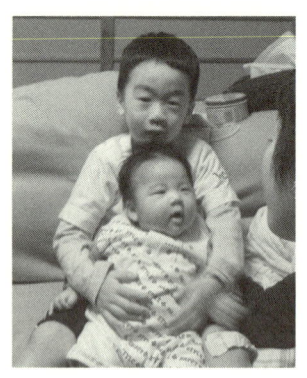

お口がモゴモゴ話したい

　直立二足歩行とことばの獲得、そしてその対象物に向かって、自分の力で移動し、欲しい物を手にする。このような発達は、子どもが、これから人間の社会の中で自分の力で生きていく基本となります。このような時期にこそ、親子で会話を楽しむことはとても大切なことです。

　赤ちゃんは、写真に示す通り、おとなの語りかけに対し、生まれてすぐから反応しています。初めのうちは語りかけられる顔をジッと飽きることなく一点に集中して見つめています。1ヶ月も経てば語りかけに対して、自分も何か言いたそうに口をモゴモゴと動かし、唇を尖らしたりします。そして、自分でも嬉しそうに微笑み返し、いつまでも相手をして欲しいと訴え、話し相手になるのをやめると不機嫌になり、もっと遊んで欲しいと訴えます。2ヶ月になればことばにならない声を出して長く話をします。このようなおとなとの関わりを通して、1歳を過ぎれば指差しなどの行動で会話をするようになります。こういった子どもとの関わりの時間は短く、瞬時に過ぎていきます。このような楽しい時間を子どもと共有できないおとなは気の毒です。そし

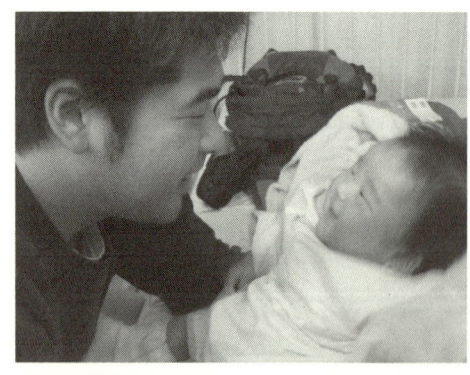

パパとお話うれしいな

て、このようなおとなの関わりが子どものこころ、脳を育てます。

5 子どもの「イヤ」を大切に

　ことばが生まれてしばらくすると、子どもは「イヤ」ということを頻繁に口にするようになります。おとなの働きかけに対して何にでも「イヤ」と答える子どもの言葉は耳障りで面倒に感じられるため、おとなはこれを「反抗期」と呼び、半ば、あきらめの境地で見ています。しかし、このような子どもの「イヤ」を反抗期と考えてしまうと子育ての楽しさは半減してしまいます。このことを、「そっちじゃなくてこっち」というように子どもが自分で選ぶことを始めた時期と考えてみるといかがでしょう。子どもが短い期間に体験し獲得したありったけの知恵をしぼって考え、判断し、そして自主的に選ぶことを始めた子どもの最大の表現方法が「イヤ」なのです。このように考えると、子どもの「イヤ」がおとなにとって不快なものではなく、ほほえましく、いとおしいものに思えるのではないでしょうか。このような子どもの力を無視して「イヤじゃないの、こうするの!!」といったように大人の威圧的な力で子どもを従わせ、服従させるような関わりばかりを体験している子どもは、おとなの顔色をうかがって行動し、おどおどした態度を示し、すねることを覚え、何をするにもおとなに確認し、自ら自主的に判断して行動することのできない子どもになってしまいます。また、そのような子どもの態度を見て一層腹を立てる親も少なくありません。でも、それはおとなが子どもに対してとった行動の結果なのです。

　子どものわがままは許さずに、子どもの力を利用して子育てをすることが大切です。選ぶことを始めたこの時期の子どもに対しては、選ぶことを楽しませます。

その時々で示される子どもの特徴や力を生かしながら子育てしてみてはどうでしょうか。そして、そのような、子どもとの関わりの中に、大人の思いを含めていけば、きっと子育ては興味深いものであるということが分ります。デパートやスーパーマーケットで床にひっくり返って大声で泣いている子どもを見かけることがあると思います。子どもだって選びたいものがたくさんあるデパートに行って、いろいろなものを目にしながら何も買ってもらえないのでは面白くありません。そんな時、自分の気持ちを表現する方法は、床にひっくり返って泣き叫ぶことかもしれません。毎回これをやられたのでは親もたまりません。

　私自身の子育ての例を1つあげてみますと、買い物に出かける前には何か1つだけ買ってあげることを約束して出かけます。するとまず子どもは欲しいものを1つ選びます。でも、子どもは次のものを見るとまた違うものが欲しくなります。欲しい物が2つになったら、その時にはまたどちらにするのか選ばせます。こんなことを何回も繰り返していると、最後に会計を済ませる時にはかごの中に最後に選んだ1つだけが残っています。この方法は子どもが小学校の低学年の頃まで活用できました。でも、子どもも知恵がつき、そのうちに「あれ？　何かおかしいな？」と思うようになり抗議をしてきます。そのような時には「あなたが自分で選んだのでしょう」と言うと「うん」と納得していました。今思い出すと笑ってしまいますが、子育てとは大人と子どもの楽しい知恵比べのようなものです。

　また、このような子どもとのやりとりは、子どもがその時々の発達で何に注目しているのかを知ることができます。例えば、色なのか、形なのか、手触りなのか、味なのか、絵本のイメージなのか、母親が使っているものと同じものなのか、ＴＶのコマーシャルに出てくるようなものなのかといったことです。そして、このような子どもとの物選びを通して、親がおもちゃや絵本選びで大切にしたいこと、物の本当の価値などを伝えることができます。

　このようなやりとりは、親の考えを子どもに押し付けるということではなく、

親の知識を子どもに伝えていくということです。そうすると、子どもはＴＶのＣＭに出てくるものがすべて素晴らしものばかりではないということを理解するようになります。どのようなものが価値のあるものかを知る手がかりを得ることができます。

　この本を読まれた方はきっと子どもの「イヤ」ということばがいつ出てくるのだろうと心待ちにされるのではないかと思います。それも子育ての楽しさの１つです。対応に困った時には「どっちにする？」と尋ねてみて下さい。

6　ケンカが激しい理由

　２歳児は激しい戦いを繰り広げます。保育園に行っている子どもはからだのいろいろな場所に歯形をつけて帰ってきます。時には頬を噛まれ、ある時には服の上から噛むのでしょう、背中にまで歯型をつけて帰って来ることがあります。この時期のケンカはそれ程激しい自我と自我のぶつかり合いの時なのです。

　この時期の子どものぶつかり合いには理由があります。それは、子どもが同時に２つのことを理解するようになったからだと考えられています。２つのことが同時に分かるということはどのようなことを意味するのでしょうか。それは子どもが自分の"好きなものと嫌いなもの"、"大きいものと小さいもの"、"欲しいものと欲しくないもの"を同時に理解するということです。そして、誰もが自分の好きな物、欲しい物に殺到し、誰もがそれは自分の物だと考えています。この時期の子どもは、自分の欲しい物を人に譲ることや、相手もそれが欲しいといったことなどを考慮することは全くできないのです。また、獲得しつつあることばを駆使して自分の欲しいものを手に入れるために相手と交渉するなどができるよう

になるのはまだまだ後になってからのことです。ですから、この時期は自分の欲しいものを手に入れるためだけに、激しい戦いを繰り広げます。そして、この時のケンカをおとなに注意されてもなぜ自分が叱られているのかは分りませんし、注意をされて泣いている子どもの姿を見て自分も泣きだすといった有様です。ところが、3歳になると、その様子は一変し、すぐ隣に座っている子どもが泣いても我関せずといった様子で自分の遊びに夢中になります。こういった子どもの発達の特徴をおとなが理解していれば「うちの子どもが噛まれて帰ってきた」などと怒るよりも、「お互い様のこと、この子もそんな段階にきたのか、次の発達はどのような形で表れるのか」とほほえましく、また次の発達を待つ楽しみが生まれます。

7 ごっこ遊びを大切に

　子どもは盛んにごっこ遊びをします。ごっこ遊びとは子どもがおとなの模倣（まね）をすることです。模倣は学習の基礎であり、ごっこ遊びは子どもの発達にとって欠くことのできないものです。昔は、ままごと遊びをする時にはみんなお父さん役やお母さん役をやりたがっていました。今でも写真にあるように、大きな靴をはき、大きなかばんを持って、大人になったつもりで遊んでいる子どももいますが、今の子どもたちが一番なりたい役はお父さん役でもお母さん役でもなく、ペットだそうです。ペットは可愛がられるからというのが理由のようですが、何やら寂しい話ですね。保育園の子どもにお父さん役とお母さん役をお願いしてやってもらったところ、お母さん役の子どもは家族に指示・命令を出す役割、お父さんはごろ寝でセリフがないといったように、子どもが日頃目にしているこ

第3章 子どもの姿から発達を考える

とをそのまま演じてくれます。

　おとなの姿や子ども自身の生活体験がしっかりと見えます。あるごっこ遊びの上手な2歳半の女の子は、フライパンを振り、ホットケーキをひっくり返して台所仕事を実に手際よく、徹底してリアルに演じていました。看護師役の5歳の女の子は片手にカルテを持ち、もう一方の手には体温計を持って何とも言えないほど上手くその役になりきっていました。そして、患者の父親役をやっている5歳の男の子は「そんな簡単な診察で大丈夫なんですかァ〜？」と早

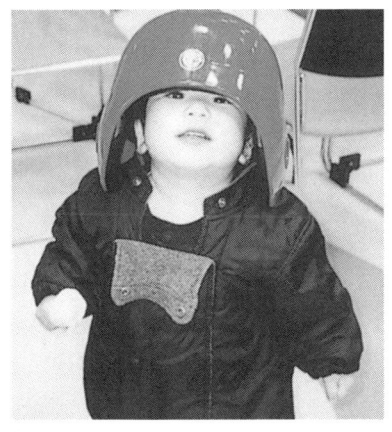

似合う？

パパのお靴は大きいな（1歳半）

くも医療不信を訴えていました。どの子どもも恥ずかしがることなく、照れることなく、ふざけることなく、実に上手にその役になりきってごっこ遊びを展開していました。もし、その中でふざけたり、からかい半分の子どもが侵入したりすると、その子どもはたちまちのうちにその集団から放り出され、相手をしてもらえなくなります。それ程真剣に子どもたちはごっこ遊びに取り組みます。

　どれ程集中して遊び込めるかといったことはその子どもたちが将来どれ程自分の課題に真剣に取り組めるかと同じだといっても過言ではありません。子どもの遊びにはそういった大きな意味があります。なぜならば、遊びが子どもを育てるからです。遊びは自己を表現する場です。遊べない子どもはストーリーを持っていない子どもです。線を引いているだけに見えるお絵描きにも、水遊びにも、粘

土遊びにも、砂遊びにも、子どもたちは大変なストーリーを内に秘めてそれを表現しています。ストーリーがないと子どもは遊び続けることができません。その証拠に、4歳にもなれば、まるで誰か相手がいるのかと思うほど大きな声で話をしながら遊んでいます。誰かと一緒に遊んでいるのかと思って覗くと、1人で2役3役を演じて遊んでいます。そのような時におとなが「お店屋さんね」と話しかけると「うん。そうだよ。パンを買いに来たの、先生もおいでよ」などと遊びに誘ってくれたりもします。

　子どもの遊びを豊かにするためには、おとなが自分の仕事をしっかりと子どもに見せることが大切ではないかと思います。家庭でも保育園でも手伝いをさせると子どもは生き生きとしてやります。子どもは自分が期待されていると思い、誇らしい気持ちになるのです。料理をする時にはどうやって作るのか、パンを作る時にはどうやって粉をこねるのかなども教えてやると興味を持って聞き、それに取り組みます。スーパーマーケットへ買い物に行った時には邪魔だからパパとどこかで遊んでいなさいというのではなく「ホットケーキを作るためには卵やバターが必要なのよ」、「りんごはきれいな色をしていて大きなものがおいしいのよ」などと食材選びの説明をしてやると「じゃ、これは？」、「あれは？」とあらゆるものに対して子どもの興味や関心は大きくふくらみます。それを基にまた違ったアイデアを思い巡らします。そのたびに子どもは頭を働かし、工夫し、道具や材料を選びます。そのような経験を持っている子どものごっこ遊びは一層楽しいものになります。料理、掃除、洗濯物をたたむこと、玄関の靴並べ、お父さんのお手伝いなど子どもと一緒にやれることはたくさんあります。そして、このような体験の機会を多く与えられた子どもは将来自

小さいお母さん見事でしょう。2歳児です。

立的な子どもになるであろうということは容易に想像できます。

　このように考えると、子どものごっこ遊びを豊かにすることは、子どもを生活の中に引っ張り込むことであるといえます。昔の子どもたちは親の生活を目のあたりにし、自らもその家族の一員として役割を担ってきました。ですから、彼らは多くのことを生活の中で学び、いろいろなことができました。しかし、今のように便利な時代には、このような機会をおとなが意図して作ってやらなければ、見たがりやの、知りたがりやの、やりたがりやの子どもの好奇心を満足させることはとてもできません。そのような機会が与えられないで育った子どもは、生きる術を持たず、受身で無関心で無気力な子どもになるかもしれません。おとながこのような努力をしないで「うちの子は小学校に入るのに積極性がなくて心配」などと結果だけを評価してもそれは誰の責任でしょうかということになってしまいます。

8 子どものおもちゃ

　子どもの遊びやおもちゃは昔とは随分様変わりしてきました。昔の人形は中に綿が入っていたため柔らかく、抱きやすく、背中におんぶするのにも都合が良くできていました。着せ替えの着物も自宅で簡単に作ることができました。人形がない場合には、男の子も女の子も座布団

竹刀は少し大きいが…（10ヶ月）

を丸めておんぶさせてもらったものですが、それでもすっかり子守をしているつ

もりになっていたものでした。ところが、最近の人形は大変立派で、おんぶしようにもその形からいっても何とも不釣合いです。着せ替えをするには高価なドレスやネックレス、イヤリング、指輪、ハイヒールといった特別の物を購入しなければなりません。また、そのような人形を入れるためには大きな美しいお城のような家を購入することが必要になります。子どものおもちゃや遊びはお金しだいで内容が広がります

犬を背負った桃太郎侍（4歳半）

といわんばかりで、現代の物質主義が象徴されているように思います。

　おもちゃは完全な状態であるよりも、過不足があり、工夫によって何にでも形を変える、子どもの創造力を育てるようなものの方がいいように思います。特に砂や水、土や粘土のように子どもの欲求にそって自由自在に変化するものが優れています。また、台所道具などのように単純で持ちやすいものは子どもの想像力を高めるかもしれません。この機会に子どもはどのようなおもちゃを持っていて、どのおもちゃで最もよく遊んでいるのか見てみるのもいいのではないでしょうか。

9　子どもの「自分で」を大切に

　「イヤ」の次に来る発達の特徴的なことばは「自分で」です。何をするにも「自分で」と言います。何でもできると思っている4歳児の登場です。もちろんもっと早くから「自分で」と言う子どももたくさんいます。4歳児は幼児期の中で最も変化の激しい時期です。専門的には"質の転換期"と呼びますが、表現力

がそれまでと違って著しく発達します。思考に変化が生じるからです。ですから、とても楽しい発想で周囲のおとなを驚かしてくれます。頭の硬いおとなから見れば、4歳児はまるで宇宙人のようです。

　「自分で」という表現は、「イヤ」ということとそれに相反する「スル」ということをまとめあげ、新たなものを作りあげる時期にきていることを示しています。このように、相反する2つのものを自分自身の中で統合し新たなものを作りあげる時期は、物事に対する認識の仕方が変化します。そして、複雑なことができるようになった自分が楽しくて、面白くて、何でも自分でやってみたい、自分でできると思えるのでしょう。そんな時に「どうせできないんだからダメ」「時間がないの」と言わないで待ってあげてください。自立的で集中力のある粘り強い子どもになって欲しいと考えるならば、このような大事な時期に、おとなの過剰な援助や過干渉は慎み、励ましと優しい見守りが大切だと思います。

　4歳児は「すごいね。やってごらん。今度はもっと早くできるかな」などとアクセントをつけてあげればどこまででも頑張る、持ちあげられ上手なのです。この時期をうんと大事にしてもらった子どもは大人になっても楽しい人生を送ることができるのではないかと思います。おだてられたり、褒められたりするのはおとなになっても嬉しく気持ちのいいものです。ですから子どもにすれば何よりのことばなのではないでしょうか。

　ちなみに、我が子のことで恐縮ですが、掛け算の九九を覚える時にこの手を使い、家族中で子どもを持ちあげてタイムを計ってやりました。すると、真剣にしかも興奮しながら何度も何度も記録の更新をしてみせてくれました。その時の子どもの興奮したような得意げな様子が何とも可笑しくて家族中で大笑いをしたことがあります。ですから、このような方法は小学校に入ってからも使えるということです。小学校の3年生までは「唯我独尊（我こそが優れている）」という世界観を持っているためなおさら効果的でしょう。

10 夢見る6歳児

　最後に6歳児ですが、6歳児は幼児期の卒業です。この頃には自分の体験から、過去を吟味して現在を考え、そしてまた自分の未来を考えるといった時期です。ですから、「昨日の今日が明日やね」といった表現をします。「小学校へいったら僕がご飯作るよ」「お手伝いもするよ」といったように自分の将来に見通しを持った表現をよく使います。「小学校へ上がったらもっといろいろなことができるようになるんだ」と偉くなるような、夢見るような気持ちがするのでしょうね。しっかりと夢を見させてあげたいものです。

　また、小学校に入学すると自分が今まで知らなかったことや、見たこともないような物を友達が持っているのに気づき、それを欲しがるようにもなります。そんな時「どうしてゲーム機が欲しいの？」と聞くと「だってみ～んな持ってるから」と言います。そこで「誰が持っているの？」と聞くと、私が子育てをする頃はファミコンやゲームソフトなどを持っている子どもの名前はせいぜい3人ぐらいしかあげられませんでした。ですから「そ～、○○ちゃんと、△△ちゃんと、□□ちゃんの3人だけね」と言えば子どもの方が仕方ないなと自分で納得して諦めていました。でも、最近では本当に何でも皆が持っている時代ですから、それに応じた子育ての知恵が必要なのかもしれません。でも、大差ないようにも思います。親がそのことをどのように認識するかの違いだけではないでしょうか。

11 発達の節目の意味

　以上述べてきたように、子どもの発達にはそれぞれに越えていかなければならない大事な節目があります。幼児では1歳半や3・4歳の節目、小学生では3・4年生の9歳の壁、中学生では13歳、高校生では17歳がそれにあたります。おとなはこの時期のわが子が扱いにくいことから総称して「反抗期」と呼びます。しかし、このような発達の節目は反抗期というよりも、子どもたちが越えていかなければならない大変な発達の時期に当たります。そのため、子どもの内面はむしろ危機的な状況にあるといえます。特に9歳の壁を越えている子どもとそうでない子どもの間には抽象思考が可能になったかどうかで物事に対する認識や理解力に相違が生じます。そのため、この時期の子どもは、その違いを自分でも自覚するようになり、学習についていけなくなる子どもが出てきます。

　思春期になれば、それまでとは異なる性ホルモンの分泌によって理性と感情のアンバランスを体験します。ですから、苦しいのは親よりもむしろ本人たちの方だということを理解すべきではないでしょうか。

　また、このような発達の節目を越えていくことで親と子の関係は身の回りの世話を中心とした情緒的なつながりから、1人の人間と人間の関係へと変化していきます。初めのうちは、子どもは親の考え方や価値観の中に自分を置いて生きています。しかし、いつの間にか親を1人のおとなとして見るようになります。そして、親とは異なる多くのおとなや友人とのふれあいを通して自分なりの価値観を作りあげていきます。このような時には、親の立場を押し付けるよりも自立的に生きている親自身の姿を子どもに示す

2人の背中が…

方が「親も頑張っている」と子どもには理解でき、その方が効果的なのではないかと思います。自立的に生きるというと、何か難しいことのように聞こえるかもしれませんが、母も父も1人の人間として悩みや苦しみがあり、また楽しみもあり、その中で社会の一員として懸命に生きている姿を見せることではないかと思います。時には子どもにも相談をし、意見を聞くといったことがあれば、子どもは自分が1人の人間として尊重されているという実感を持つのではないでしょうか。そのような子どもに対して、最近では、親のほうが子どもに甘え、子どもを八つ当たりや不満のはけ口にしてしまっている親を見かけますが、それでは子どもは大変困ります。

12 ことばだけが会話ではない

　金沢市のある小学校の子どもが夏休みの宿題に書いた俳句を紹介しましょう。「かぶとむし　つのでくわがた　ふっとばせ」、「とつぜんの　おおきなかみなり　みみふさぐ」1年生の句です。「セミの声　宿題しろと　今日も鳴く」、「かごの中　何を想って　蝉は鳴く」6年生の句です。言語を用いての感情表現を獲得しつつある子どもにとって、重ねてきた日々の重さは重要です。6年間の子どもの変化は、おとなのそれに比べると大変大きく、1年生の可愛い表現に比べて、6年生の句からは今日の子どもたちの大変さや思春期の情緒の発達、感性の育ちをうかがい知ることができます。

　おとなは、子どもの中にことばが生まれ、それが使えるようになると、ことばに頼りきりになり、こころで会話することを忘れ、ことばがすべてを表現してはいないことを忘れてしまうようです。また、子どもがことばを獲得した後には、

おかしなことですが、長ずるにつれて子どもは自分のことばで自分の意思を十分に伝えることがとても下手になっていきます。しかし、おとなたちはそのことには注意を払わず、大変なのはおとなの世界だけだと思い込み、子どものこころの叫びを無視し、目の前の現象だけを評価して子どもの行動を見守るゆとりを失いつつあります。このことが、人間が本来持っているはずの、人の嬉しいと思う気持ちを共に嬉しく思い、悲しいと思うことを共に悲しく思うといったこころとこころで会話し、共感する能力を弱め、おとなと子どもの間の壁を高く厚くしているように思います。

● 第4章 ●
新たな親子関係を築くために

1 親と子のこころの絆

　第1章において述べたように、赤ちゃんは生きていくことのすべてを親やそれに代わる人に依存して生きています。ですから、そのような世話をしてくれる人に特別な印象を抱きます。これが"こころの絆"である愛着（アタッチメント）です。そして、赤ちゃんは愛着を形成した相手に対しては特別な行動を示します。それを"愛着行動"と呼び、そのような行動を示す相手を"愛着対象"と呼びます。ですから、赤ちゃんが親に対してどのようなアタッチメントを形成しているのかを判定する際には、このような赤ちゃんの愛着行動を調べ、その行動からアタッチメントのタイプを判定することができます。

　赤ちゃんが親に対してどのようなアタッチメントを形成するかは、親からどのような世話を受けてきたのか、その世話の質によって決定されると言われています。世話の質というのはつまり子どもの求めに対して親が適切な対応をしたかどうかであり、このことが子どもにとって最初に学習する人と人との関係のとり方の基礎となります。このようにして子どもは親から将来の対人関係の基礎を学び、それを基に保育園や幼稚園、小学校、中学・高校そして大学や社会の中で人との関係を形成し、この間に徐々に自分自身の対人関係に修正や調整を加えつつ、現在の他者との関係を形成していきます。ですから、親は幼い頃、子どもへの適切な対応により人とのよい関係のとり方を伝える必要があります。

　しかし、不幸にして子どもの頃に自分の親との間に良好なアタッチメントを形成できなかった場合には、そのことが現在の子育てや対人関係に影響を及ぼすことがあります。このように子どもの頃に受けた親の対応が自分の子育てに影響することを"子育ての世代間連鎖"と呼びます。この連鎖には、よい連鎖もあればそうでない連鎖もあります。不幸にしてよい連鎖を形成できなかった場合には、それを断ち切り、新たな関係を構築する必要があります。

2 アタッチメントの判定を行う目的

　もし、不幸にして、子どもの頃に良好な親子関係を形成できなかった場合には、これから新たな対人関係を構築する努力をしなければなりません。人は自分自身の過去を忘れ去ることはなかなかできないものです。もしも、幸いにしてそのことを忘れていたとしても、子育ての中で過去に体験したような場面や状況に出くわすことがあります。そのような時には、そのことから逃げるのではなく、自分の過去の体験や親子関係を見つめ直し、乗り越えていくチャンスにすることが大切ではないかと考えます。そのためには大変な勇気が必要です。1人で乗り越えるのが困難な時には身近にいる信頼できる人や専門家に相談することもよいでしょう。

　人間は本来、変化する力を最も多く持つ生き物です。そのことを信じて、人の力を借りながら今の自分の状況を変化させるように努力することが重要です。そして、夫や子ども、友人と信頼し支え合える関係を築くことが大切です。

　人との新たな関係を再構築するためには、まず自分自身を知ることから始まります。自分の特徴は分っているようで、実は最も分らないものです。ですから、自分自身は、現在、人とどのような関係を形成しているのか、自分の対人関係にはどのような特徴があるのかを知るために、まず、自分自身が過去に親とどのようなアタッチメントを形成し、それを基礎に現在はどのようなアタッチメントを形成しているのかを確認することが必要です。

　アタッチメントの判定は人の良否を評価することや、タイプ分けによって自分の運勢を占うような興味本位のものではありません。これからの新たな親子関係や夫婦関係、および対人関係に役立てていくために行うものです。

3 アタッチメントスタイルと育児不安

　アタッチメントのタイプは、これまで、ボウルビイらが提唱した愛着理論の中では「安定型」、「不安定型」、「回避型」の3タイプが考えられてきました。でも、ここ数年間行ってきた育児相談ではこの3つのタイプだけでは説明できないような対人関係を形成している人たちに出会いました。そして、人によって育児不安の内容やその表現の方法に相違点や共通点など、ある傾向のあることに気がつきました。そこで、その原因を調べるために第1回目は全国の約8000名の仕事をしている母親と青年期男女約6000名のアタッチメント調査を行いました。その後、再び家庭で子育てしている母親6000名から調査を行いました。2度目の調査では2500組の夫婦の回答も得ました。これらの結果から、6タイプのアタッチメントスタイルを抽出しました。それは、「安定型」、「不安定型」、「回避型」、「不安定回避型」、「混合型」、「不明瞭型」の6タイプです。このタイプによって育児不安が発生する過程や背景にはある特徴があり、それによって育児不安の内容が異なることを明らかにしました。現在はこのアタッチメントの判定結果を活用した育児相談を行い大変有効な介入を行うことができるようになりました。

　夫と妻、それぞれのアタッチメントスタイルが夫婦関係に及ぼす影響や青年期のアタッチメントスタイルなどの詳しい内容については、長くなるためまた別の機会にお伝えしたいと思います。

4 アタッチメントのタイプの特徴

1) 幼少期と現在のアタッチメントの関係

　子どもの頃、親に対して形成していた幼少期のアタッチメントは、その後大きな出来事を経験することによって良くも悪くも変化します。しかし、その基礎にある子どもの頃の親子関係はその人の現在の対人関係に大きく影響しています。子どもの頃に形成していたアタッチメントスタイルを現在もそのままの形で維持しているタイプは、「安定型」、「混合型」、「不明瞭型」などの安定的な傾向のタイプと「不安定回避型」のタイプに多く見られます。ですから、これらのタイプは他のタイプに比べてタイプの移行（他のタイプに変わること）が生じにくい傾向を持っています。

2) 子どもの頃のアタッチメントと家庭のイメージ

　ここに示した図は、母親が子どもの頃、親に対して形成していたアタッチメン

■幼少期アタッチメントのタイプと家庭のイメージ

■ プラスのイメージ：安心できる・明るく楽しい・平凡
■ マイナスのイメージ：厳しいだけ・ほったらかし・ばらばら・居心地が悪い

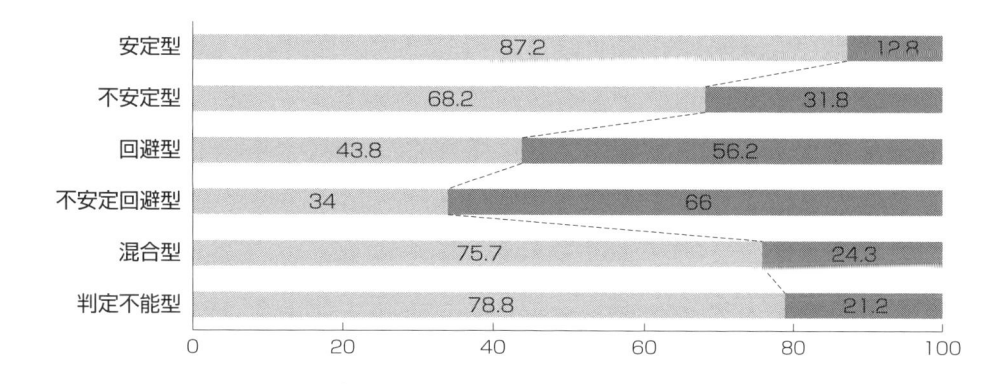

タイプ	プラス	マイナス
安定型	87.2	12.8
不安定型	68.2	31.8
回避型	43.8	56.2
不安定回避型	34	66
混合型	75.7	24.3
判定不能型	78.8	21.2

トのタイプと家庭のイメージとの関係を表したものです。家庭のイメージは、安心できる家庭、明るく楽しい家庭、平凡な家庭、といった肯定的な家庭のイメージと、厳しいだけの家庭、ほったらかしの家庭、居心地の悪い家庭、ばらばらな家庭といった否定的なイメージとに分けられました。このような家庭のイメージをアタッチメントのタイプ別に見ると、「安定型」、「混合型」、「不明瞭型」は肯定的な家庭のイメージの割合が多くなっていました。「回避型」や「不安定回避型」は否定的なイメージの割合が多くなっていました。「不安定型」は平凡な家庭と答えた割合が最も多くなっていました。

　子どもにとって家庭は安心して過ごせる場、そして親はその安心と安全を提供する源です。どのような家庭を作りあげるかは親の考えや責任に基づいて行われることですが、そのために親の姿そのものが子どもにとっては家庭のイメージとつながっているように考えられます。

3）6タイプのアタッチメントスタイルの特徴

　「安定型」は人との関係をあるがまま受け入れる傾向が強いため、対人関係を形成するのに困難感を伴うことは少ないものです。そのためトラブルを引き起こすことも少なく誰とでも容易に親しくなることができます。しかし、相手との関係に困難を生じにくいことがかえって相手の立場を深く考えないといったような、自分を中心とした関係に傾き易い側面も持っています。

　「不安定型」は人と交わるのに気を使いすぎるため、自分と同じようなタイプで自分に同調してくれる相手との関係は極めて良好です。しかし、そうでない相手との関係を形成するのは難しく、人の好き嫌いが激しいといった両極性の特徴を持っています。

　「回避型」は、人との関係で傷つくことを恐れるあまり、親しくなることを避け、距離を置いた関係を形成します。ですから、自分から相手の中に入っていく

ことも、相手から入ってこられることも嫌い、人との深いつながりを避ける傾向にあります。

「混合型」は、「安定型」を含む「不安定型」、「回避型」の混在したタイプです。ですから、このタイプの人は、どのタイプとの混合であるかによって多少その特徴は異なりますが、それぞれのタイプの特徴が混在しているため、人の痛みを理解し、相手の気持ちも考えながら人と関わることができる特徴を持っています。

「不安定回避型」は、「不安定型」と「回避型」の特徴が混在しており、人との関係を形成するのが最も苦手なタイプで、幼い頃にも自分の親との間に問題を抱えて育った人が多く、現在も多くの悩みを抱えています。そのため、自分自身の子育てにも不安なことが多く、それを周囲の人のせいにする傾向があり、対人関係上のトラブルを多く経験します。ですから、このことが外傷体験（トラウマ）となり、周囲の人を信じることができずに次々と不安の材料を探し、そのことで一層不安が増すといった特徴を持っています。

「不明瞭型」は上記に示した５つのどのタイプの特徴も弱く、いずれのタイプにも分類することのできないタイプです。このタイプの人は相手に対して明確な反応を示すことが少ないため、一見ソフトな印象を受けます。しかし、親子関係でいえば、対人関係やしつけなどの場面において、やっていいこと悪いことについての明確な禁止や注意、そして状況に応じてどのような対応をすればよいのかをはっきりと子どもに示さないことが多いため、子どもは親からモデルとしての学習ができにくい場合があります。ですから、このタイプの親を持つ子どもは、さまざまな形で親からその反応を引き出そうと激しい悪戯をし、親が困るような行動を繰り返し、親は子どもに振り回されることが多くなります。

5 アタッチメント判定を活用した育児相談

　ここでは、さまざまな問題を抱えて相談に来た方たちのある一部分から、アタッチメントの判定を活用した育児相談について述べてみたいと思います。
　相談には、夫婦の抱えるそれぞれの問題についてお互いに理解してもらう必要があることから、できるだけ夫婦での参加をすすめています。また、親と子の双方の関わりを確認するために、親子一緒の参加を依頼し、子どもが乳幼児の場合には保育園で行っています。

〈事例１〉「不安定型」が強いタイプの母親

　「２歳５ヶ月の子どもがどもるようになった。反抗するので手を上げてしまう。子どもに手を上げる行為が段々とエスカレートするので心配。また、激しい口調で子どもを責め、傷つけてしまいやめることができないので助けて欲しい」とのことでした。
　相談者である母親のアタッチメントは「不安定型」の強いタイプでした。ですから、彼女のことばを借りれば「人との関係にこれでいいのかしら？　大丈夫かしら？　といつも不安な思いを抱えながら関わっています」とのことでした。子どもにも、自分自身にも、完璧であることを求めるため、お互いにどうにもならない辛い状況にありました。このような妻に対して、夫はできる限りの協力をしていましたが、子どもとのトラブルは夫が居ない昼間、子どもと２人だけで過ごす間に起こっていました。そして、その問題を母親自身だけでは改善できずにいました。
　このようなタイプの人は、人との関係がうまくとれないため、夫以外の人との支援関係を形成することが難しく、孤独な中で育児をしている場合が多いのです。そして、友人ができないことや周囲の人が自分を理解してくれないことを、自分

に原因があるのではないかとは考えるのですが、どうすればそれを改善できるのかが分らずにストレスフルな状態になります。この事例では、このことで生じた怒りや不満はもっぱら一緒に居る我が子に向けられていました。怒りを爆発させた後には必ず後悔し、それでもそのような自分自身の行為や感情をコントロールできない未熟な自分に自己嫌悪を感じ、子どもはそのような親の犠牲となりながらもけなげに毎日を過ごしていました。

【相談の場面から】

相談の数日前に親のアタッチメントの判定を行い、その結果を持って相談場所を訪れました。保育園の相談室で会った時に、2歳の子は、初対面の私に対して「こんにちは」と自分から挨拶のできる上出来の子どもでした。ところが、その子の様子を傍で見ていた母親は「頭は？　頭は？」としきりに問いかけ、しゃにむに子どもに頭を下げさせようとします。この母子の様子を眺めながら、私はその相談者の問題を理解したように思いました。

その後、母親の話を聞きながら子どもの様子を見ていると、1つひとつの行為を行う際に、あるいはそれまで行っていた遊びから別の遊びに移るたびに「これやってもいい？」、「あれしてもいい？」といったように、必ず母親の確認をとりに来ます。絵を描かせると大きな画用紙の片隅に蟻のように小さな絵を描いていました。このような子どもの行動から、この親子の間には安定した関係が成立していないことがうかがえました。不安感が強い子どもは親から離れることができません。そして、新しい行動を起す時には必ず親に確認しなければ次の活動に移ることができません。これは、子どもが、母親をこころの安全基地として認識していないことを示すもので、このような状態では学習の基礎となる探索活動を自主的に行うこともできません。一方で、母親は子どもが何かにつけて親の顔色をうかがったり、親に確認を求めに来るその行動に対しても腹立たしく感じるよう

で、小言を言ったり注意をしたりしていました。

　しかし、もしも、子どもが親に確認をしないまま何かをやり、そして失敗した場合には、このようなタイプの親は、子どもが確認しなかったことを激しく叱ることでしょう。確認しても確認しなくてもいずれ叱られることになりますが、そのときの子どもは、黙って涙を流しながら、あるいはうつむいたまま、親の怒りや罵倒の声が去るのを待つしかありません。そして、そのような子どもの姿を見た親は決まって「この子は強情な子だ」と言います。でも、子どもは他に対処の方法を知らないのです。

【介入】
　この母親に対しては、まず母親自身の親子関係を子ども時代までさかのぼり、その後、母親自身が、現在人に対して形成している対人関係の特徴を確認してもらいました。その上で、子どもに対する親の理不尽な関わり方を説明し、我が子にはどのように育って欲しいと考えているのかを尋ね、現在の関わり方が子どもにどのような影響を及ぼしているのかを具体的に例をあげながら説明しました。そして、子どもへのよい関わりができるようになるための方法を共に考えました。この相談者の場合には、子どもとの距離をおき、子どもとよい関わりができるように幼稚園への入園を進めると同時に、夫や子どもから支えられている彼女自身の姿を見つめ直してもらいました。そして、一方では自分の感情をコントロールしようと努力している母親の姿を認め、子どもが入園できる時期まで支援しました。入園後は、「何とか頑張っています」と楽しそうな子どもや夫の写真が添付された暑中見舞いや年賀状を毎年いただいています。

〈事例２〉夫婦の相互理解に影響するアタッチメントスタイル
　発達に軽度の障害がある小学年生の親からの相談でした。父親は子どもの頃も

現在も「安定型」のアタッチメントで、穏やかな環境で育てられた大らかな方でした。一方、相談者である母親は自分の両親に対して「不安定回避型」の強いタイプを形成しており、現在は「不安定型」の強いタイプでした。ですから、この母親も子どもの行動が何かと気になり、些細なことから次々と不安の種を探してきては悩んでいました。

　一方、そのような妻の姿が理解できない安定型の夫は、なす術がないといった様子で、妻の訴えに「気にし過ぎだ」、「何でそんなことが気になるのか分からない」、「またか」といった反応を示し、妻の訴えに十分耳を傾けることができなくなっていました。そのため、妻は、1人でどうすればよいのか分らないと不満を訴えていました。このように、夫婦のアタッチメントの違いは、同じ状況におかれていても、物事に対する考え方や受け止め方、そしてそれに対する対処の方法が異なります。お互いの感情にズレが生じることがあります。子育てに対する考え方も同様で、アタッチメントの違いは夫婦の相互理解にまで影響を及ぼし、妻は夫に不信感を抱き、夫からは妻の人格を疑うような発言が聞かれ、妻の育児不安はますます増大するといった悪循環を生じていました。

【介入】

　そこで、この両親に対しては、夫婦揃っての来園を依頼し"夫と妻のアタッチメントの違いによって生じる認識の相違"について説明しました。そして、育てられた環境による親子関係の違いを理解してもらい、今後の夫婦の支援関係を形成するための方法について話をしました。このことへの理解が深まれば、夫婦は今生じている問題がお互いの人格によるものではなく、育てられ方の違いから生じたものであることに気づきます。この夫婦もこのような説明を、大変関心を持って聞かれ、お互いをこれまでとは異なる見方で理解できるような気がするとの感想が聞かれました。

〈事例3〉親子関係の見つめ直しをすること

　3年ほど前、研究室に相談に来たある学生との出会いから学んだことについて述べてみたいと思います。

　彼女は、母親との関係が上手くいかないことに悩み苦しんだ末に、高校生2年生の時、「私の方を向いて」と母親に迫ったそうです。その時に母親から言われたことばは「私も自分のことで精一杯なのよ」という一言でした。彼女はその時のことばを引きずりながら、下を向き、閉鎖的な対人関係の中で生きてきました。そんな彼女が大学生になり、実習に行った先で、ある母と子の仲睦まじい関係を毎日目のあたりにする機会を得ました。彼女はその親子の姿を見て"こんな親子関係もあるのか、自分もそのような関係を作りたい"と強く思ったそうです。そのことがきっかけとなって彼女は自分のアタッチメントの判定を希望しました。そして、「私のお母さんも自分の親から私と同じように扱われてきた可哀想な人」と思えるようになったことをきっかけに、自分自身の力で、引きずってきた世代間連鎖を断ち切る努力をするようになりました。それまでは人に顔を見られたくないという思いから前髪を長く垂らし、顔を隠すようにしていた彼女が、徐々に前髪を上げ、化粧をし、笑顔を見せるようになりました。そういった彼女の様子を本人に伝えると、とても嬉しそうでした。今では恋人と楽しそうに買い物をしている姿も見かけるようになりました。

　自分と親とのこころの絆であるアタッチメントのタイプを知ることはとても勇気のいることです。でも、良いことも悪いことも含めて、自分自身が幼い頃に体験してきたことについて「あのことは一体何だったのか」、「どんな意味があったのか」と子どもであった自分自身の立場からも、親の立場からも過去の親子関係を客観的に問い直し、見つめ直し、そして、整理することはこれからの新たな関係を構築していくために重要なことです。過去の同じ体験を繰り返すことのないように、子どもや周囲の人との新たな関係作りを考えることができればと思いま

す。そんな力を人は誰でも持っているように思います。

6 アタッチメントは子どものレジリエンスにも影響

　アタッチメントは親子のこころの絆の形成だけに影響するのではなく、子どもが人と関わる際の関わり方や対応の仕方、困難に直面した時の問題の処理能力など、子どもが生きていく際に生じるさまざまなストレスや困難をはね退ける強さ（レジリエンス）にも影響を及ぼします。人間にとってストレスは生きていく上で重要な刺激ですが、現代の社会では時としてそれ以上の大きなストレスを子どもにも背負わせることがあります。そのような時、子どもたちには、それに負けない強い力とたおやかで柔軟なこころを培ってやることが必要です。そのためには、子どもの頃からの支持的な親子関係が重要な役割を担います。

●第5章●

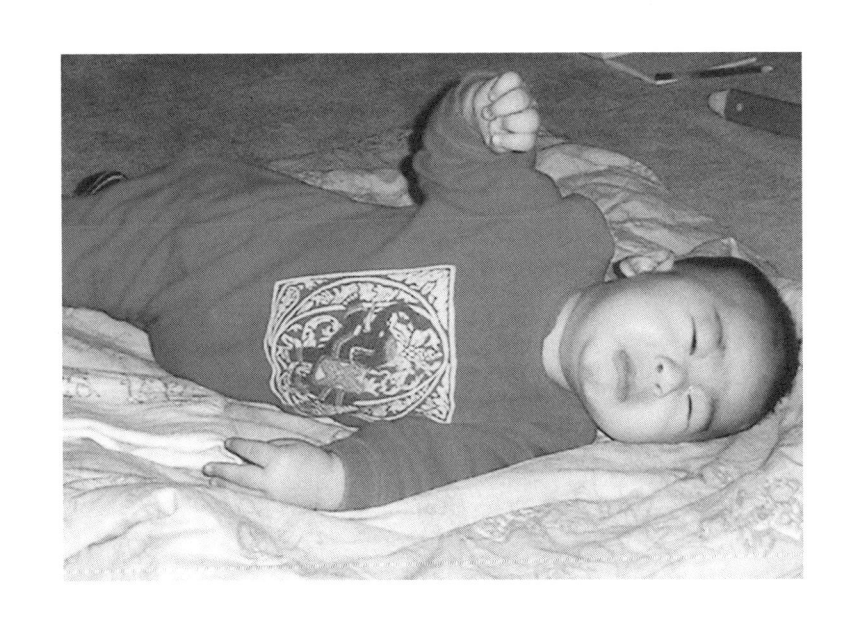

育児相談から分かること

1 子育ての悩みは皆同じ

　子どもの発達の道筋はすでに述べましたように、どの子も皆同じです。ですから、子育ての悩みはどの親も皆同じように体験しています。どのような悩みを抱えていたとしても、子育ての悩みを抱えているのは自分だけだとは思わないでください。

　子育ての悩みというのは多くの場合、子どもが親の思うように育たない、親の言うことを聞かないと感じる時に生じるものではないかと思いますが、親の思い通りに、素直に、指示通りに行動する子どもの方がむしろ心配です。子どもに自我が芽生え、自己を主張するような、おとなにとっては手のかかる子どもでなければいけません。子どもにも好き嫌いがあり、泣く、怒る、騒ぐといったことがあるのは当たり前です。ただ、このような反応が多いか少ないか、長いか短いかは子どもに対する親の見方、その対応のあり方と深く関連しています。親が子どもの否定的な姿ばかりを見て対応するか、肯定的な面にも目を向けて対応するかといったことも親のアタッチメントのタイプによって大きく異なりますが、子どもが幼い間は「わが子の優れたところ」、「わが子の良いところ」などに目を向けてその部分を伸ばすように関われば、子どもの扱いにくい部分は少なくなるのではないでしょうか。

　私は、NPOでの育児相談の他に、地域の保育園と共同で地域の子育て支援を行っていますが、この中で行っている親との座談会は実に楽しい時間です。参加者の人たちと話しをしていると、1人ひとりがその悩みに共感し、誰も「違うわよ、そうじゃないわよ」とは言わず、「私の場合はこうして問題を解決した」などと多くの意見を聞くことができるからです。また、1人の人の質問に答えることは多くの人の質問に答える機会にもなります。

　最近の親は同じ子育て中の友人を得ることが難しいと言われます。それは、親

自身が対人関係をとるのが苦手なことや、すでにグループ化した中に入っていく勇気や自信がない、拒絶されたらどうしようなどと考えてしまうことが原因のようです。そこで、今専門家に求められる役割の1つとして、親が集まる場所で、それぞれの集団がその集団のよさを活かした活動を円滑に機能させるために、親同士の仲介役となるコーディネーターの役割が求められています。場所だけを提供しても、このような役割をとる専門家がいなければ集団の力は活きてきません。悩みの共有をし、子育てで悩んでいるのは自分だけではないといった安心感を与えることが必要です。

2 現代の子育ての問題

　子育ての環境やそれによる問題は社会の状況と共に大きく変化しています。現代の親は、子どもの育ちや子どもの特徴（子どもの発達の過程）を知らずに親になった人が多いため、子どもが生まれて初めて子どもと関わることになった人たちです。しかし、このような親に対して、「母親だから子育てができるはず」、「子どもを産めば誰でも親になり子育てができるはず」といったような、親に対する社会の認識や期待の内容は50年前と少しも変わっていません。ここに現代の子育ての問題の1つがあります。

　2つ目は、核家族の生活の中では、妻の唯一の頼りは夫ですが、その夫は仕事中心で、妻だけに育児を任せ、妻のことばに耳を傾ける時間は非常に少なくなっ

ています。そのため、育児を任された妻は、子育てが分からずに、子育てを楽しむゆとりや余裕などはないと言います。このような中で、子育てに悩む母親が育児相談に出向けばそれを中傷する人が周囲におり、また、相談に行った先では専門性の低い担当者からこころない一言で傷つけられるなど、適切な助言や支援が得られずに母親はこころの拠りどころを失って、孤独な中で子育てしています。

　3つ目の問題は、適切な支援者が得られずに、孤独な中で子育てしている母親は、ストレスを蓄積させ、そのはけ口を子ども向けていることです。その証拠に、母親から受ける相談の内容は、初めのうちは子どものことが中心なのですが、次第に家族の問題へと移っていきます。そして、家族の問題について話を聞いていると、夫や親との関係、そして近所の人達や友人との関係など、母親を取り巻く人々との問題が中心になってきます。話し終えて楽になる母親もいれば、今後自分自身が取り組まなければならない課題の大きさに直面し困惑する母親などさまざまです。そして、その課題は、相談依頼があった時点でその人が意識している問題の場合もあれば、意識することなく相談に来られる場合もあります。相談者の抱えている問題によって相談後の親の反応はさまざまに異なりますが、話し終えて楽になる母親の場合には、それだけで子どもに優しく対応できるようになると言われます。このような役割は、本来、夫や家族が担うべきことのように思いますが、それができないゆえの問題なのでしょう。相談に来た母親の多くが「話し合った内容を家族にも伝えて欲しい」と言われます。相談の機会を得たことで明らかになった親自身の課題や家族の問題については、それを乗り越えてゆけるように家族を含めた支援が必要です。現在、次世代育成支援の行動計画の実施が目の前に迫っておりますが、まずは家族の支援ができるような専門家の育成が急務ではないかと考えます。

3 親が子どもの育ちを知らない場合に生じる問題

　子どもの発達には一定の順序があることを知らないまま親になった人たちは年齢に関係なく多く存在します。ここでは、子どもの育ちを知らずに10代で母親になった人の子育ての例をあげてみたいと思います。

　彼女は、わずか生後10ヶ月の赤ちゃんに、トイレット・トレーニング（通常は1歳半を過ぎてから行われる排泄の自立の練習）を試みました。でも、自分の期待に答えてくれない赤ちゃんに腹を立て、虐待するようになりました。これは子どもの育ちに関する知識不足から生じた典型的な事例です。

　この母親も初めのうちはきちんと子育てをしたいと思い、トイレット・トレーニングを開始したに違いありません。でも、10ヶ月の赤ちゃんがどのような発達段階にあるのかをこの母親は分からなかったのです。そして、さらに不幸なことは、彼女の回りにはそのことを教えてくれる人が誰もいなかったことです。

　現代とは違い、明治時代までは、10代の母親など珍しいことではなく当たり前のことでした。ですから、貧しさによる子育ての問題はあっても、現代のように若い女性の子育てが社会的な問題として話題になることはありませんでした。現代では、女性の社会進出が進み、そのことで子育ての状況は一変し、晩婚化が進んできました。そのため、若い母親の子育てには何かと問題があるような社会の見方が生まれました。しかし、実は子どもの発達が分らないということに対しては年齢の相違はあまり見られません。年齢によって異なるのはむしろ母親自身が育児の方法を知らないことについての自覚と、そのために知識を得る方法や対処方法のようです。年齢の高い母親は、子育てについての情報を育児書などによって得ようとする者が多く、山のように氾濫する子育ての情報に振り回された母親たちは混乱して相談に来ます。一方、若い母親はというと、インターネットや友人から気軽に情報を得て、自分自身の欲求や感情にそった子育ての方法を問題

だとも考えてはいません。ですから、困ったことがあっても面倒な育児相談などにはわざわざ足を運ばないといったように、双方の間には対処行動の相違が見られます。

　子育て支援を行う時には、このような現代の親の特徴や対処行動も理解した上で支援や介入の方法を考える必要があります。そして、親とのあらゆる接触の機会を通して親育ての機会にするということです。専門家の方から積極的に歩み寄り、親の子育てを支援することです。支援を考える時には、その表面にある問題だけに目を奪われて介入を行うのではなく、子育ての根底にあるさまざまな問題にも目を向け、どのような支援が真に親育ての機会になるのかを、子育て支援の専門家は十分に考えて欲しいものです。

4　子ども理解のために

　ここに述べる事例は、数年前に、関東地区の保育士の方たちと介入のための勉強会を行った時の事例です。たくさんある事例の中から幾つかを紹介しますので、どうぞ、子どものこころの中を思いやり、これからの子育てに役立てていただきたいと思います。

1）子どもの欲求に添うことの大切さ
〈事例1〉　第一子への配慮が不足している親の対応

　保育園へ迎えに来る時、母親は、第一子のAちゃんに見つからないように、そっと、まず先に第二子のBちゃんの乳児室に行き、Bちゃんを抱きあげています。でも、Aちゃんはどこから見ているのか、その様子をすぐに察知します。そして、

母親は毎回Aちゃんの激しい抵抗にあっています。それでも母親の行動は変化しません。

　母親の姿を見つけたAちゃんは、「おかあさーん」といつも嬉しそうに母親に近づきます。でも、母親は「ただいまAちゃん、赤ちゃんが泣いているから先に車へ連れて行ってもいい？」と、Aちゃんを抱きあげることもなく、Bちゃんを優先させたいための言い訳をします。すると、Aちゃんは決まって「だめー、Aちゃんが先、お母さんと…」といって、母親の言うことに耳を傾けてくれません。母親は仕方なくBちゃんを保育士に頼み、Aちゃんを抱っこします。Aちゃんは「やったー」と喜びますが、Bちゃんは泣き出します。Aちゃんは、そんなBちゃんの様子を見ていてもそれを無視して母親を独占しようとします。

　こういった光景は日常的に見られることではないかと思います。でも、このまま放置しておくには幾つか問題があるように思います。母親は、赤ちゃんであるBちゃんのことが気になり、Bちゃんを先に抱きしめたいと思われるのでしょう。でも、Aちゃんは母親との関係に満足しておらず、その原因であるBちゃんの存在を快く思っていないようです。これではいずれ、Aちゃんのこころの中に"ねじれ現象"が生じ、妹への嫉妬心から姉妹の関係が上手くいかなくなるかもしれません。

　ねじれ現象というのは、前にも述べたように、子どもが自分のこころの内を素直に表現する機会が得られないために、ねたみやすねるといった行動で自分の思いを表現することです。子どもの気持ちが無視されることや、こころの中に納得いかない理不尽な思いが鬱積している状態、またおとなの対応に一貫性がなく、同じことをしているのに叱られたり叱られなかったりするなどの場合に見られます。ですから、これは子どもの問題ではなく、おとなの対応の問題です。

　次の子どもが生まれる時には、早い時期から、上の子どもに対して、新しい家族を受け入れるための準備をさせておく必要があります。赤ちゃんが生まれるこ

とを伝え、母親のお腹の中で動く様子にも触れさせて、赤ちゃんが生まれてくるのを一緒に楽しみに待てるような配慮が必要です。そのような準備をしておいても、実際に赤ちゃんが生まれてくると、それまでは全ての注目が自分に注がれていた周囲のおとなの目が赤ちゃんに注がれることを知ります。このことで上の子どもは怒りを表し、時にはこの怒りが下の子どもに対する憎しみに変わることもあります。このようなことのないように、先に生まれてきた子どもを十分に認めてやり、尊重してあげることが大切です。下に子どもが生まれる時には、どれ程年齢が離れていても何か落ち着かない気持ちになるようです。ですから、上の子どもに退行現象（赤ちゃん返り）が現れても一時的なことで終わるように、また性格の歪みが生じないように配慮したいものです。例えば、赤ちゃんが哺乳瓶でミルクを飲んでいる姿を見ると、上の子どもは恥ずかしがりもせずに同じように哺乳瓶でミルクを飲みたがりますが、このような時には強く禁止をせずに、赤ちゃんの横に寝て一緒にミルクを飲んでいる姿を写真にでも残しておき、大らかに対応してあげてください。

　私も第二子が生まれた時、第一子には母乳を飲ませる姿を徐々に受け入れさせようと配慮していましたが、予期しないことから突然部屋に入ってきた第一子に見つかってしまいました。子どもは大泣きをしながら外へ飛び出し、近くの川まで走って行ってしまいお互いに大変辛い思いをしました。

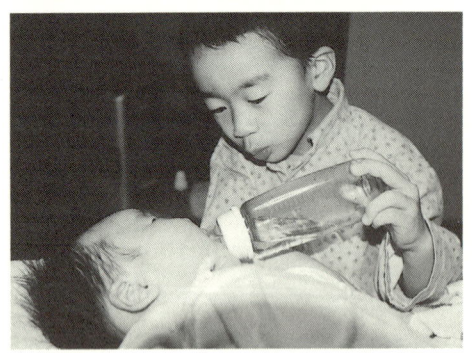

きょうだいと一緒はうれしいな、楽しいな

〈事例2〉赤ちゃんの行動を間違って理解

　Ｃちゃんは生後6ヶ月で保育園に入園しましたが、2ヶ月が過ぎても真っ赤な顔をして怒り、背を反らせて泣くのですが、抱けばよけいに怒り、ミルクを抱いて飲ませようとすると嫌がって泣き、保育園でも手がつけられない状態だったようです。

　そこで、担当保育士は、日頃の育児方法を母親に尋ねてみました。すると、母親は驚いた様子もなく「いつもそうなんです。なぜ怒っているのか分からないし、バスタオルを与えれば黙ってそれをくわえています。ミルクは床に寝かせてやればいいんです」との返事で、まるでペットに餌でも与えるような仕草で哺乳瓶を口に含ませたその様子に保育士は戸惑ったそうです。

　このことを聞いた時、私はハーローという心理学者が行った赤毛サルの実験のことを思い浮かべました。生まれて数日後の赤ちゃんサルを母親から引き離し、金網の中で育て、代理母親として木や布切れ、針金で作った母親などを用いてどれに赤毛サルの赤ちゃんが最も愛着を示すかを調べた実験です。このサルは当然柔らかい布に最も強い執着を示しました。人間の子どもの場合にもこのような行動が見られることがあります。毛布やタオル、ハンカチ、母親が見に着けていた物などいろいろありますが、Ｃちゃんの場合はバスタオルが好みだったようです。

　Ｃちゃんの母親も、初めのうちは抱いてミルクを飲ませていたそうです。でも、授乳のたびにＣちゃんは自分の足をポンポン蹴る動作をします。それを見た母親は抱かれるのが嫌なのかなと思いました。このことがきっかけとなってＣちゃんを床に置いてミルクを飲ませるようになったそうです。赤ちゃんは、抱かれていて機嫌が良い時や母乳を飲みながら満ち足りた気分の時にはよく自分の足に弾みをつけながらポンポンと放り上げるような動作をします。この様子を「嫌なのだ」と考えてしまったところからこの問題が生じました。今ではきっと、この母と子の関係は改善されたものと思いますが、この事例のように、子どもが示す行動の

意味を間違って解釈し、対応している場合には、それに気がついた人がそのことを伝え、その時点から修正することが大切です。

〈事例3〉夜泣きが激しい子どもへの対応

　1歳児を持つ親から最も多く寄せられる相談の1つが夜泣きに関することです。例えば、「子どもの夜泣きがひどくて毎晩その時間がくるのが怖い」、「夫やアパートの住人から文句を言われ、もうノイローゼになりそう」、「夜泣きについて親に相談してもそのような体験がないので分からないと言われ、理解してくれる人がいない。1人でどうすればいいのか分からない」といったようにその内容は非常に深刻です。このような悩みは、母親に衝動的な行動を引き起こさせる可能性を含んでいます。毎晩毎晩同じ時間に、しかも深夜にそのようなことが起これば、母親はノイローゼ状態となり、さぞかし夜が来るのが怖いと感じることでしょう。現代のような住宅事情やゆとりのない人間関係の中で、母親は追い込まれるような気持ちになり、何が起こってもおかしくない状況ではないかと思います。このようなことに関して言えば、寝たきりで、介護の必要な家族を1人で支えている場合にも同じ状況に陥ることが考えられます。

　夜泣きの相談は家庭で子育てしている人たちに多いものです。その理由は生活習慣にあります。子どもの生活リズムを確認すると、夜泣きをする子どもの親はほとんどが「父親の帰宅時間が遅いため、それを待って入浴する。就寝の前には父親と遊びの時間をとるため、その後は興奮状態でなかなか寝つけない。ようやく眠るのは0時、0時を過ぎることはたびたびある。夜中に起きたら2～3時間ほど泣いて騒ぐので手がつけられない。虐待する親の気持ちが分かるような気がする。朝は家事をするために子どもが起きてくるまで寝かせてあり、10時過ぎに起きる」といった答えが返ってきます。つまり、夜泣きをする子どもの生活リズムは夜型になっていることが多いのです。

子どもは、体温が下がらなければ眠りにつくことは困難です。体温があまり下がらずに眠った場合には、熟睡できないため浅い眠りとなり、夜間に数回目覚めて泣きます。このことは、すでに述べたように、質の良い睡眠が得られない状態にあるため、脳もからだも十分な休息が得られず、朝の目覚めは悪くなり、夜間の成長ホルモンの分泌量が少なくなります。そして、朝は食欲がなく、午前中は体温の上昇が不十分なため活気なく過ごします。そして、夕方から夜にかけてようやく体温が上昇し活動的になります。つまり、幼稚園、小学校などの生活時間と一致しないため、通学するようになるとさまざまな問題が生じることはすでに述べたとおりです。4歳にもなれば、皆と活発に遊べない自分と他の友達との違いにも少しずつ気づき始めますので、子どもが保育園や幼稚園、小学校などで友達と一緒に仲良くしっかりと遊び込めるような早寝早起きの生活習慣を身につけさせたいものです。

そこで、このような悪循環を断ち切るために、私は以下のようなことを勧めています。

〈安心して眠れる環境作り〉

まず、初めは子どもの生活リズムを早寝早起きの形に強制的に修正することです。起床後の体温を上昇させるために朝食をしっかり食べさせ、日中の体温を十分に上昇させれば子どもの活動能力は高まります。そうすると、子どもの1人遊びも、集団遊びも、そして学習などに取り組むための集中力も高まり、皆と一緒に楽しく活動することができるようになります。このようにして昼間はからだを十分に動かし、また親子で心地良く楽しく遊ぶ時間も設け、心地よい疲労感と共に夜は遅くても10時頃までには親と一緒に床に入り、本の読み聞かせや昔話、子守唄を歌うなど子どもが安心して眠ることのできる環境を整えるようにします。

そして、周囲のおとなは「今日は早く起きてごはんをたくさん食べたから元気に遊べるね」などのことばを意識的に伝え、子どもを支えましょう。そうすると、そのうちに子どもの中に規則正しい生活習慣が身につき、いつの間にかおとなの生活も整ってきます。

　就寝する時には生体リズムの同調を促すために暗い部屋で休ませるような習慣をすすめています。

　また、父親の帰宅時間が遅く、父親と子どもが関わる時間が持てない場合には、夜ではなく早朝や休日の関わりをすすめています。

　以前「成人病」と呼ばれていた病名が、いつの間にか「生活習慣病」とその呼び名が改まったことに気がついておられる方も多いのではないかと思います。その理由は、成人にしか見られないと考えられていた病気が、生活習慣から引き起こされる病気として、子どもにも見られるようになり、国民全体の問題であると考えられるようになったからです。このように、生活習慣を整えることは家族全体の健康を考えることであり、非常に重要なことです。

〈昼と夜間の親の対応を変える〉

　エスキモーなど、白夜がある生活ではそのスタイルは当然異なりますが、我々のように昼夜が明確な社会では、昼間起きていて夜眠るという生活習慣は、社会の中で生きていくために必要なライフスタイルですから、これも社会化の1つです。ですから、子どもの夜泣きに対しては、昼と夜の違いをきちんと示していくために、昼と夜の親の対応を変える必要があります。例えば、夜中に子どもが遊びたがってもその相手にならず、少量の飲み物を与える程度にし、コップを使って飲めるようになった子どもには哺乳瓶ではなくコップなどでミルクやお茶を与え、一旦気分転換をはかった後に再び眠りに誘います。そして、夜中に起きても何も楽しいことはない、夜中に1人で遊んでもつまらない、夜は眠るものだとい

う睡眠のパターンを子どもに伝えていくことが大切です。

また、子どもは夜間に空腹感を感じると起きてしまいますので、離乳食を食べるようになり、夜中の哺乳が不要になれば、夕食はきちんと食べさせておいた方がいいのですが、疲れ果て食事前に眠ってしまった場合には無理に起こしてまで食べさせる必要はありません。

〈事例4〉「ダメダメ」を連発する3歳児

母親と2人暮らしのDちゃんは、お友達を叩いたり、つねったりしてよく保育士や親から注意をされる子どもです。保育士の注意には下を向いたまま「ダメ、ダメ、ダメ…」と同じことばを繰り返します。

Dちゃんと保育士の関わりの場面を記録の中で確認すると、保育士がDちゃんにある1つのことを注意する時に「～してもいいの？　～だったらどうするの？　～は何に使うもの？」などと、たたみ掛けるように3～6つの問い掛けをしていました。相手とどのようにして関わればよいのかをこれから学習していく3歳の子どもにとって、保育園でも家庭でも何かすれば、おとなからの声かけはいつも注意や禁止の不愉快なことばばかりでした。学校の中にもこのような子どもはたくさんいるのではないかと思いますが、どのように行動すればよいのかが分らない子どもに対しては、禁止のことばよりも、どうすればよいのか、その行動のとり方を具体的に教えてやる方が子ども自身の行動を変化させるのに役立つのではないかと考えます。

〈事例5〉認められたい欲求をねじれ現象で表現する4歳児

どんな時にもいつも一番でなければならない子どもはどこにでもいます。

子どもたちに、椅子を片付けた後、1列に並ぶように声かけをしている時、一番になりたいEちゃんは、椅子を放り投げるようにして置くと、友達をかき分け

慌てて一番前に並びます。その様子を見ていた担任は、またやっているなと思いながら「一番もいいけど、乱暴にしては危ないからきちんとゆっくりお椅子を片付けることも大事よ」と注意しました。Eちゃんはその注意に不服顔です。午前中の保育が終了し、トイレを済ませて昼食のテーブルに着く時のこと、お友達が先にトイレへ行ったことに腹を立てたEちゃんは、トイレから戻ってくるなり「先生、Fちゃんおしっこしてなかったよ。だって、おしっこの音聞こえなかったもん」と保育士に言いつけます。Fちゃんは「おしっこしたよ」と言うのですが、その声を無視するEちゃん。わずか4歳で他人のことを悪く言ってまでも自分が一番になり、認められたいEちゃんのこころの状態を考えてみましょう。

　Eちゃんの母親は人と関わるのが苦手で、Eちゃんに対してもなかなか笑顔を見せてくれません。でも、Eちゃんの姉の世話はよくしています。Eちゃんの世話はおばあちゃんに任せっきりですが、おばあちゃんはEちゃんを大変可愛がって育てているようです。しかし、Eちゃんは、そんな母親に対する怒りから、母親を拒否する態度を示します。このようなEちゃんの行動は、母親に認めて欲しいとこころの中で期待していながら、それが認められないため、これ以上傷つくことから自分を守るための防衛反応と考えられます。このような関係は、親に対して回避型のアタッチメントを形成します。そこで、自分を認めてくれる数少ないおとなである保育士に対して、わずか4歳のEちゃんは自分を認めて欲しいという精一杯の自己主張をこの一番になりたいという行動で表しているのです。しかし、そのような子どもの背景にある問題を考えることなく、その表面に表れた行動だけにこの保育士は捉われてしまい「またあの子が悪いことをしている」と見ています。このように、大好きな保育士からも母親と同様の対応をされたとしたら、平等に扱われるはずの唯一の場所である保育園でも、人との関係のとり方を学習できないまま、おとなに対する不信感だけが子どものこころに残ることになります。

子どもの行動には必ず意味があります。おとなは、そのことをことばで上手く表現できない子どもたちであることを十分に理解した上で、子どもの思いを捉えた対応をすべきではないかと考えます。

〈事例6〉注目して欲しい気持ちを上手く表現できない5歳児

　Gちゃんの遊び相手はいつも年下です。相手が自分の言うとおりにならなければ攻撃的になります。

　この時も、自分の意のままにならないH君に悪態をつき、その後仲直りしようと自分の方から手を差し出し、相手を力一杯引っ張り、H君は床に頭をぶつけて鼻血を出してしまいました。保育士がケガをしたH君の手当てをしている傍で、Gちゃんはニヤリと笑い「Gちゃん、嘘ついた。H君に仲直りしようって嘘ついて握手して手を引っ張ったもんネ。だって、H君一緒に遊ぼって言っても聞いてくれないもん」とケロリとした顔で話します。

　そんなGちゃんの様子が気になった保育士は、このことを母親に伝えました。それを聞いた母親からは「そうなんです。家でも時々嘘をつきます。危ないですよね」とまるで自分には関係がないといった他人事のような調子の反応が返ってきたそうです。また、Gちゃんの両親は年1回しかない保育園の表現会に何度誘ってもまだ1度も参加してくれたことがありません。そこで、保育士はGちゃんの寂しい気持ちを母親に伝えて参加をお願いしましたが「自分の時もそうだったし、そんなことが子どもに影響するとは思いません。子どもは早く自立するように厳しく育てるべきだと思っています」との返事が返ってきて、これ以上の介入はして欲しくないと言われたように感じたとその保育士は話してくれました。

　子どもは人に依存しながら徐々に自立していくものです。おとなの私たちでも誰かに支えられながら、そして誰かを支えながら生きています。発達の過程がどの段階にあるのかによって支える内容とその方法は異なりますが、人が人の世話

を全く受けないで人として育つことなど誰の場合にもあり得ないことです。それなのに、依存することを許されないまま育つことを求められた子どもたちは、受けとめて欲しいその気持ちを伝えるところがなく、拠り所がないためこころが落ち着かず、イライラとした不安定な気持ちを抱えたまま過ごさなければなりません。このような場合には、親に対して不安定回避型のアタッチメントを形成することが多いものです。そして、このことから生じた多くの不満や不安、怒りを親に受けとめてもらえない子どもは、親から適切な対人関係を学習することができませんので、そのエネルギーは自分よりも弱い者にそのまま向けられます。Gちゃんは、もっと両親に寄り添って欲しい気持ちをそのような行動で訴えているのだと思います。

〈事例7〉こころの問題がからだに表れた5歳児　－異糞症－

　もうすぐ6歳になるIちゃんは「先生、このグループ何だか臭い」と食事の前に担任に訴えました。担任は「臭くないよ」と答えましたが、その後しばらくして「先生、パンツにウンチしちゃった。ご飯の前から出てたけど言えなかった」と保育士の耳元で言いました。多い時にはこのようなことが日に3回程あります。

　Iちゃんは攻撃性も強く、他の子どもとの喧嘩も絶えません。家庭の事情で3歳の頃からおばあちゃんと暮らしており、おばあちゃんにはとても可愛がられています。母親は弟だけを可愛がり「Iのことは嫌い」と言い、抱いてやることもまったくありません。Iちゃんの目の前で弟だけを膝に抱いて本を読んでやることもしばしばです。Iちゃんは、そのような母親の態度から、自分が母親に拒否されており、母親に何かを期待してもその期待に答えてくれないことを知っているため、そのことから自分を守ろうと、自己防衛として自分と母親との間に距離をとろうとしています。しかし、それができないため、母親に対する怒りはますます強くなり、そのエネルギーは他の子どもに向けられ、またそのストレスが身

体的な症状として現れています。

　Ｉちゃんは、下着の中に排便をしてしまい、それを「何か臭くない？」と保育士に問いかけ、それに対して相手がどのように反応するのかを見ています。そして、その反応から、相手は自分を受け入れてくれる人なのかどうかをはかっているのです。Ｉちゃんはこれからもこのような方法で自分の気持ちを表現し、相手と自分との距離をはかりながら、対人関係を作っていくのであろうと思います。

　ここで、こういった"異糞症"の事例について少し説明を加えておきたいと思います。これは、児童神経症の中の１つの症状で、機能的な病気ではありません。多くは接触不足や愛情飢餓などの心理的問題による退行現象や、母親に対する敵意の表れとして、特に母子関係の問題がその根底にあると考えられています。ですから、母子関係の調整を行うことが最も重要なことですが、このような子どもと接する専門家は、長期的な展望に立って母子間の改善をはかる手立てを考える必要があります。

● 第6章 ●
現代の子育ての根底にある問題

私の研究室では、平成15年と16年の2年間で、子育て家庭の両親を対象に子育て支援のためのニーズ調査を行いました。そして、この調査結果を基に平成16年は石川県のある町の子育て支援のための行動計画を策定しました。ここでは、その結果の一部も紹介しながら現代の子育ての状況を述べてみたいと思います。

1　現代の親の特徴

1）子育ての支援が得られにくい

　調査には専業主婦家庭から約6000名、働く母親の家庭から約3500名の回答が寄せられました。夫婦揃っての回答は3500組ありました。母親は30代前半、父親は30代後半が最も多く、子どもの数は2人の家庭が最も多くなっていました。核家族の家庭は60％を占め、子育ての支援者は夫が中心で、その他の支援者は少なく、子育ての支援が得られにくい状況にありました。残りの40％は3世代以上の家族でしたが、子育ての支援者は夫と答えた割合が最も多く、次いで実母、そして義母や友人などで、平均2.5人となっていました。このように、核家族だけではなく、3世代以上の家族構成であっても、母親が子育ての支援者と認識している人の数は少なく、現代は子育ての支援が得られにくい状況にあるといえます。

2）子どもの育ちを知らない

　核家族で育った親が多く、高校卒業までの間に子どもと触れ合った体験や世話をした経験のある人は3割にも満たず、しかも、このような背景を持つ親は30

代前半の子育て真最中の親たちでした。このことは、現在子育てをしている親たちが子どもを知らないまま親になり、我が子の出産が子どもと出会った最初であることを意味しています。ですから、特に第一子の子育ては大変な状況の中で行われているのではないかと思います。

3）子どもには早い自立を、でも自分自身は今のままで

　子育て中の親が「子ども」に対して抱いているイメージを年齢で尋ねたところ、ほとんどの親が中学までを子どもと捉えていました。それに引き換え、自分自身については20歳を過ぎても、親になった今でも、自分はおとなになっていないと考えている親が母親に12％、父親に17％見られました。このことは、子どもに対しては早い自立を求める一方で、自分自身についてはまだ依存的であっても許されるといった未成熟な親の姿がうかがえました。

4）自分だけの時間を

　両親に共通に見られたことでは、上記のことと無関係ではないように思われますが、「自分だけの自由な時間が欲しい」と考えている親が多く、母親や父親としての家庭人、職業人としてではない、自分だけの時間が欲しいと回答している親たちが多くいました。

　子どもが幼い間は、家族が一緒に楽しい時間を過ごすことができる時期であるにもかかわらず、個々に過ごす時間が必要であると考える現代の親の姿から、家庭のあり方に明らかな変化が生じていることを感じます。

5）母親の孤独な子育て

　現代の母親たちは、乳幼児の世話体験がないまま親になり、子どもの成長や発達に戸惑い、自分の子育てに自信が持てないため子育てを楽しむことができない

でいます。しかし、そのような状況の中でも子どもの数は増え、さらにそのことで母親のイライラ感は一層募り、子どもの人数が増えるにつれて子育てを楽しめなくなり、子どもに感情的に接してしまうと答えている母親が多くいました。

　しかし、このような状況で子育てしている母親を支援する親たちも少なく、専業主婦として地域で生活していても地域の人たちとの関わりは希薄で、地域からも孤立した中で、密室育児による苦悩を1人で背負って子育てしているような母親の姿が多く見られました。

6) 夫の思い

　夫は妻の子育ての最大の支援者、というよりも協働者です。しかし、家庭に不在の時間が長いため、子どもの成長する姿や、妻が子育てに戸惑う姿に対してどのように対応すればよいのか分からずに困惑している姿が見られました。妻は夫に対して「仕事が忙しいのは分かるけど、もっと子どもや家族に関わって欲しい。しっかりして欲しい」と考えているのに対して、夫の方は「いつも明るく笑顔でいて欲しい。無理しないで欲しい」、「子どもより妻の方が心配」といったように、現実の子育ての問題に対する夫婦の考え方には大きな違いが見られました。

2　「子育ては自分がすべきである」に 込められた母親の思い

　子どもを家庭で育てている母親は、そうでない母親に比べて「子育ては自分がすべきである」と考えている人が多くいます。また、「子育ては自分がすべきである」に込められた母親の思いは、夫婦の関係のあり方によっても大きく異なっ

ていました。

　「子育ては自分がすべきである」と答えた母親の回答は、子育てに十分なサポートが得られている場合とそうでない場合の2通りが考えられました。夫の支えが十分に得られている場合には、「自分も頑張って子育てしなければ」とより強く感じるために「子育ては自分がすべきである」と考え、一方、夫の支えがほとんど得られない状況の中で「自分が何とか頑張って子育てしなければならない」と思っていることから「子育ては自分がすべきである」と答える場合です。

　このように、「子育ては自分がすべきである」の項目に同じように答えた母親であっても、その思いは夫婦の関係によって大きく異なり、またそのことで妻の育児観（子育てに対する考え方）や子どもへの対応も大きく異なっていました。ですから、子育てには夫婦の関係がまず良好であることが何よりも重要です。

3　現代の子育ての問題

1）子どもを知らない若者

　私は、初めて私の授業を受ける学生に対しては、子どもに対する好き嫌いといった対児感情とその理由を尋ねることにしています。過去に子どもと接触の機会を持った経験のある学生は1割にも満たない状況ですが、子どもを「好き」と答える学生は非常に多くいます。しかし、「好き」と答えてはいても、子どもがどのような存在であるのかを知っている学生はほとんどいません。また、子どもを「嫌い・苦手」と答える学生たちは過去に子どもと接触の機会を持ったことのない学生たちがほとんどです。ですから、「好き」と答えた学生も「嫌い」と答えた学生も外見上から捉えた子どもの印象だけでこのような思いを抱いているよう

です。このような学生たちもいずれは結婚しやがては親となります。彼らが親になった時、彼らの母性や父性、正確には親性といった方が良いのでしょうか、その扉を開けてやる大人がいないまま彼らは子育てを始めなければなりません。ですから、これからの子育て支援では、近い将来親になる学生も対象に早い時期から親性の準備としての支援も視野に入れておく必要があると考えます。

2）子どもは物では育たない

　現代のように物が溢れ、お金さえ出せばたいていの物は手に入れることができる時代の子育ては、貧しかった昔よりもかえって難しいと言われます。それは、有り余る物やお金を与えていれば愛情を注いでいると錯覚している親が多く、それがかえって「こころを育てる」工夫を難しくしているためではないかと考えます。このような親に育てられた子どもはこころ寂しく、そして、彼ら自身が親になった時には、子どもにとって大切なものは何か、わが子とどう関わればよいのかが分からず、自分自身が親から受けたのと同じ方法か、あるいは混乱したままの状態で子育てをするでしょう。

　数年前のことですが、ある中学生の女の子は「私は親になっても子どもは欲しくない」と言っていました。自分の力では子どもを育てられないからというのが理由でした。でも、「結婚した相手がお金持ちだったら子どもを育ててくれる人を雇えばよいから産んでもいい」と言うのです。彼女が幼かった頃、両親は商売のために多忙で、ベビーシッターの手によって育てられました。ですから、彼女もそうすれば子どもを育てることができると思っていたようです。でも、彼女の中には何かしら満たされない部分があり、親とはどのような存在であるのか、親にどうあって欲しいのかといったことを自分のことばで表現することはできませんでしたが、こころの問題を抱え、親との関係に苦しみながら学校生活に不適応となり、家出を繰り返していました。

このように、学校生活の中で人との関係が上手く取れずに問題を抱えて入院する子ども、非行に走る子ども、不登校になる子どもなど表面に表れる形はいろいろですが、その根っこにある問題の多くは幼い頃の親子関係にあります。

3）子どもの頑張りを待てない親

　1歳児の「イヤ」は自主的に選ぶことを始めた大切な時期、4歳児の「自分で」は「イヤ」ということと「スル」ということをまとめあげ、新しい行動を作りあげる大切な時期であると述べました。

　最近では「イヤ」と言えない、「自分で」と言えない子どもが増えています。なぜこのような現象が起こっているのでしょうか。おそらく、子どもが自己主張することを嫌う親、子どもの自主性を尊べない親、子どもが自分ですることについておとなが行ったと同じような完成度を求める親、また、子どものすることを待てない忙しい親の生活があるためではないかと考えます。

　このような対応は、おとなが子どもの目の高さに立たないで、おとなの目の高さでしかものごとを判断しようとしていないことを意味します。そのため、今の子どもは幼い頃から評価される自分を感じ「自分で」と言えなくなっているように思います。

　もしも、おとなが「ほら、自分でやってうまくできたじゃないの」といったことばで励ましたならば、子どもは自分でやることを楽しみ、物事に取り組む気持ちを育みます。おとなは、子どもがやった内容をおとなの基準で評価し、子どもの意欲をぺしゃんこにしてしまわないようにしたいものです。

　数年前、2歳児が靴を履くのに時間がかかると腹を立てた親が、わが子を蹴って事件になったことがありました。靴をさっさと履くことができるような2歳児がいたらそれこそ反対に心配です。子どもの自主性ややる気、そして集中力を育てたいならばおとなは何よりも待ってあげることが大切です。時間がかかっても、

口を尖らせながら一生懸命に小さな手がボタンをとめる姿、その集中力を見ていると、いじらしい気持ちになり、「頑張れ」とほめてやりたくなります。このような行為を、かんしゃくを起こさずに、途中で放り投げずに最後までやり遂げられる子どもは素晴らしい力を持った子どもです。

小学校へ上がる時になってよく「この子は自分で自分のことが少しもできません」と子どもに小言を言う親を見かけますが、そう言う前に、子どもが自分でしなくてもよいように関わってこなかったかどうか親自身の行動を振り返り、気づいたその時から子どもと一緒に取り組みましょう。

4　10年前の親たち

10年以上も前になりますが、娘は中学生の時に吹奏楽部に入っていました。夏休み前に、合宿の説明会が行われ、それに出席した時のことです。数人の母親が、合宿の時には食事作りや配膳、洗濯など子どもの手助けをするために親が当番制で参加するのが当然のことであるかのように提案されました。私自身も部活動の経験はありますが、親にそのようなことを依頼するなど考えたこともなく、驚いてしまいました。そして、「合宿は子どもたちが運営してこそその目的が達せられのではないか。親が口を出し、手を出していたのでは子どもたちは自分の力で何もできない子どもになってしまう。もっと子どもを信頼して任せるべきではないか」と若気の至りで正面切って反対意見を述べ、白い目で見られた経験があります。部活動を監督する若い女性の顧問からは何も発言がなく、どんな思いだったのかまったく分りませんでしたが、このような提案をした母親たちは、日頃学校の教育活動に熱心な、いわゆるPTA役員と呼ばれる人たちであったため

発言できなかったのかもしれません。そのような人たちが「私たちは子どもに甘い馬鹿な母親と言われてもいいのです」などと発言され、私はまったく開いた口が塞がらず、馬鹿馬鹿しくなり、途中で退席した覚えがあります。今にして思えばなぜあの時最後まで話し合うことをしなかったのかと悔やまれますが、若かったのでしょうね。娘はその後しばらくして部活動をやめてしまいましたが、このことが退部の理由になったのかどうか、娘は何も言いませんでしたので分かりません。

　この時期は高度経済成長期の終わりの頃で、家事や生活苦から解放された母親たちの興味や関心はもっぱら我が子だけに向けられていた時代でした。この時期に、このようにして育てられた子どもたちの多くが今の親たちであることを考えれば、彼らの子育てに何も支障がないはずはないと思います。

　ですから、今の親たちの子育ての問題の多くは、その時代に子育てをした我々の世代の責任であると考え、その責任を果たしたいと考えています。

5　子どもへの誤った見方

　アタッチメントに関して、最近の問題から少し考えてみたいことがあります。特に、若い父親に多くみられることですが、泣いて自分の欲求を訴える子どもの姿を見て「泣けばおとなが言うことを聞いてくれると思っている。そんなことは通用しないことを教えてやるために泣いても放っておくことが大切だ」といったことばを耳にします。時にはこのことが度を越し、しつけと虐待の境目が分らなくなることがあります。虐待というのは、からだやこころを傷つけることだけではなく、子どもにとって必要な世話をしない育児放棄も含まれます。ことばを獲

得していない乳児の場合、おなかがすいた、オムツを替えて欲しい、抱っこして欲しいといったあらゆる欲求はすでに述べたように「泣き」によって表現されます。それが満たされた満足は「笑顔」によって表わされます。したがって、放っておくということは、アタッチメント理論からいえばおとなが赤ちゃんの訴えを無視すること、あるいは拒否することへとつながります。このような体験を多く積み重ねた赤ちゃんの脳には「親に期待しても答えてはくれない」という思いがインプットされます。その結果、親はいつか自分を見捨てるのではないかといった不安定感から幾つになっても親の傍を離れることができない、あるいは親に求めても答えが得られないためおとなとの関係を回避するような行動をとることはすでに述べてきた通りです。このような経験はしっかりと子どもの脳に刻まれ、この時の経験は将来にわたってその子どもの対人関係に影響を及ぼします。ですから、「放っておく」といった子どもへの対応は子どもの年齢なども考慮しつつ、特に乳児の場合には慎重な対応が必要であると考えます。

第7章

専門家の子育て支援

1 保育園・幼稚園について

　子どもを保育園にあずけなければならない親にとって、保育園や幼稚園はとても重要な子育て支援の場所です。保育園にはいろいろなタイプがあり、0～2歳までを対象にした乳児保育園（未満児保育と呼ばれることもあります）、3～6歳までを対象とした幼児保育園（以上児保育と呼ばれることもあります）、そして、0～6歳児までを対象とした乳幼児保育園があります。幼稚園は親の就業に関係なく3歳から通わせることができます。最近では幼保一元化により両方の機能を備えた施設の設置が推し進められていますが、それぞれに特色があり、それによって保育方針が異なります。

　子どもを保育園に入園させたい親にとって、保育園選びは勤務場所や送迎のことなどが最優先の判断基準ではないかと思います。しかし、子どもたちは1日の大半を保育園で過ごします。そして、すでに述べてきたように、子どもは乳幼児期に大変な発達を遂げます。そのようなことを考えると、保育園の保育方針は子どもの個性に合っているのか、子どもが親と離れて毎日楽しく充実した時間を送ることができるところであるのかなどを事前に調べておくことも親の責任です。ですから、保育園や幼稚園選びは子育てにとって大変重要なことです。

〈ある母親の保育園での体験〉

　今、多くの保育園が子どもの発達に見合った保育を行うために科学的な視点を持った関わり方について考え、努力しています。しかし、保育士個々の専門性や質の向上にはまだ努力が必要です。

　Sちゃんは、母親の子育てに対する深い思いから、保育園に入園するまでの10ヶ月間は布おむつで育てられてきました。ですから、入園した時には当然布おむつの使用を依頼しました。また、おむつは家にたくさん準備してあったため保育園の

有料おむつではなく、自宅で使っているものを持参していました。数ヶ月が経った頃、園から持ち帰る毎日の汚れ物におむつがたった2枚ほどしか出てこなくなりました。母親は不思議に思って担任に尋ねると「ウンチの洗濯が大変だろうと思い、園のおむつを重ねて使っています」との返事でした。それにしてもおむつの枚数が少ないとは思いましたが、そのうちに、そういった配慮が園の有料おむつを使って欲しいという希望であることが分り、不必要な出費だとは思いつつ仕方なく受け入れることにしました。

　Sちゃんは1歳6ヶ月になり上のクラスに進級しました。新しいクラスでまず担任から言われたことはやはりおむつのことでした。「お母さん、布おむつは家から持ち込みでなければだめなの？」に始まり、「紙おむつの方が使いやすいし、もしどうしても布おむつということなら全て保育園の有料のおむつにしてもらった方がた助かるんだけれど」ということでした。布おむつは家にたくさん用意してあるのに、なぜわざわざ有料のおむつを使わなくてはならないのか、親の希望よりも保育士の都合が優先されるのだなと思うと腹立たしくなり「保育園を変ろう！」という気持ちで一杯になり、もっと自分の思いを保育園に伝えなければという気持ちにはなれなかったといいます。なぜならば、今回のことは不信感を抱く多くの出来事の中のほんの1つにすぎなかったからです。

　Sちゃんが1歳4ヶ月になった時「ちっち！」と言っておしっこやウンチを教えるようになりました。母親はトイレット・トレーニングを始める時期にきていることを保育士に伝えましたが「あせらなくても、卒園の頃にはできるようになるから」と言ってまるで取り合ってくれませんでした。今、発達の兆しが見えているのに、卒園時だと、この保育園は3歳までの保育なので卒園時は3歳8ヶ月です。まだ2年以上も先のことになると思うと納得がいきませんでした。他にも、さまざまな場面でこの保育園は子ども個々の発達に応じた関わりをしてくれないということも感じたそうです。そこで、母親はトレーニングパンツに布オムツを

はさんで登園させ、着替え用のトレーニングパンツを何枚も用意して保育園に持って行くことにしたそうです。でも、結局それは活用されず引き出しに入ったままだったようです。連絡帳で家でのトイレット・トレーニングの様子を伝えても何の反応もなかったそうです。そうしているうちに、Sちゃんは1歳8ヵ月を過ぎた頃「ちっち」と言わなくなり、逆におむつを替えることをひどく嫌がるようになりました。その原因は保育園のおむつ交換台の抑制帯（ベルトで動かないように子どもを固定する）にありました。排泄を知らせる子どもにこのようなものを使っておむつ交換するなど母親には信じられない思いだったようです。

　また、保育園での着替えについても不思議でした。幼い子どもが、登園した時と同じ服装で毎日帰るため汚れ物袋には、タオル1枚、オムツカバー1枚、たまにTシャツ1枚です。汚れ物が少ないので親は助かると思われるかもしれませんが、休日の子どもの様子を見ている母親にとっては、服をほとんど汚さないで帰宅する我が子は保育園で一体どんな1日を過ごしているのかが段々気になるようになったとのことです。食事の時に服が汚れない理由については、後になって分かりました。子どもを1列に並べて椅子に腰掛けさせ、3人の子どもに対して正面に座った1人の保育士が、スプーンを使ってまるで鳥にエサでも与えるように流れ作業で子どもの口に運んでいました。声かけするでもなく、子どもの口に機械的に食べ物が入るため服は汚れなかったのです。子どもは自分の力で食べてこそ美味しさが増し、食べたいという意欲もわいてくるものですが、この時期のこのようなおとなの対応は子どもの意欲をそいでしまうことが考えられます。

　また、Sちゃんは普段から機嫌のいい子なのですが、夕方の帰宅時には決まって不機嫌になるので母親は不思議に思っていたそうです。でも、その原因は空腹だったということが分り、それからはいつもおにぎりなどを持参して迎えに行ったとのことです。保育園のおやつは市販のお菓子を少しとコップ1杯のお茶だったので、夕方には空腹になっていたようです。この時期の子どもの間食は、1度

にたくさん食べることができないための補食なのでもう少し考えて欲しいものです。

家では段々と激しい動きが増える中で、帰宅後のSちゃんのエネルギーは有り余っており、夜遅くまで眠くならない日が続くようになりました。きっと屋外遊びが少なく、室内で過ごすことが多かったのではないかと思われます。また、母親と離れたくない幼い子どもにとって、保育園での朝の受け入れは重要ですが、保育士は「おはよー」と言って座ったまま声をかけるだけで出迎えてくれません。そのため子どもは部屋に入って遊びたいという気持ちになれず、毎朝泣くことが多く、母親も辛い思いをしたとのことでした。

また、ある日、保育の様子をビデオで見ていると、乳児クラスなのにテンポの速い、パラパラの音楽を聞かされて踊りに誘われていました。子どもたちはただポカーンと立って保育士が踊る様子を見ているだけだったようで、この光景も親にとっては信じられないことだったようです。

こういったさまざまな出来事は、母親の不信感をしだいに募らせましたが、母親は子どもをあずかっていただいているという思いがあるため園に対して何も言うことができなかったそうです。1日も早く保育園を移りたい、そして、次に保育園を選ぶ時にはよく調べて納得できるところへあずけたいという気持ちで一杯になったそうです。

2 保育園の役割

保育園にあずけながら子育てをしなくてはならない親にとって、信頼できる保育士のいる保育園に子どもをあずけ、安心して仕事をしたいと心から願っている

はずです。このような期待に答えるために、保育士は1人ひとりの専門性を高め、親の思いが理解できる、相手の立場に立った関わりや介入のできる専門家であることが求められます。

　保育園や幼稚園は、親にかわって子どもを擁護し、教育的な視点を持って子どもを育てるところです。ですから、そこで働く専門家と家庭との強い信頼関係は不可欠です。信頼関係を築くのに重要なのは親と保育士の相互理解です。子どもを保育園にあずけている親にとって、子どもがどのように発達を遂げているのか、なかなか気づけないものです。そのような親に対して子どもが発達している姿を伝えることは重要です。その日1日子どもは何をして過ごしたのか、どんなことばを話し、どんな発達を見せたのか、どのような理由で誰とケンカをしたのかなどが十分に伝わっていれば、帰宅後に子どもと親との楽しいコミュニケーションも一層深まります。このようなことの積み重ねから信頼感は深まっていくものです。そして、親が子どもの発達を理解する機会にもなります。日頃から信頼関係ができていれば、ケガや病気、子ども同士のトラブルなどの場合にも、親の理解が得られやすいものです。

　また、親も自分の子育てに対する考え方や希望、そして家庭での子どもの様子などを日頃から担任に伝え、相互の理解が深まるような努力をすべきです。このようなことは、時にはプライバシーに関わることもあります。子どもの様子が何かおかしい、落ち着きがない、普段と違い異常に甘えが強くなったなどと、保育士は子どもの様子から子どもの周囲に何か変化が生じていることを感じるものです。そのような時、保育園と家庭の間に信頼関係が築けていて、その原因を相互に理解できていれば、子どもへの被害が最小限となるような働きかけができます。

　保育園や幼稚園では専門家集団としての意識や自覚をより一層高め、子どもを育てていくことへの責任と共に親が安心して子どもを託すことができる専門家として、また家族の支援者として力を注いで欲しいものです。

今年から次世代育成支援も始まり、これまでは園に来ている子どもとその親だけが支援の対象でしたが、今では支援の対象は園の外にまで広がっています。地域における全ての子育て家庭への支援も視野に入れた介入をしっかりと学習しておく必要があります。

3 子育てに感性を、
   そして困った時には早めに相談を

　親はことばを獲得していない赤ちゃんが示すしぐさや表情、泣きや笑いといった非言語による表現を通して赤ちゃんの好みまでも理解します。しかし、最近の育児相談から感じることは、子どもの訴えが分からないため子どもにどのように関わればよいのか混乱している親が多いということです。特に、ことばを獲得していない赤ちゃんが示す現象の意味を理解できない親の多さには驚かされます。

　こういったことの原因については、すでに述べてきましたように、親自身が希薄な人間関係の中で育ち、人との関係が上手くとれないことや、子どもとの接触体験がなく、子どもへの対応の方法が分からないまま親になったこと、そして、そのような若い親たちを支えるおとなが少なくなったこともその原因としてあげられます。また、最近では転勤族が増え、子育て中の親は、自分の親との間の物理的な距離もあり、なかなか支援が得られにくいと言います。義父母との関係では支えられる側と支える側の双方に、自分自身のライフスタイルは守りたいと考えている個人主義を貫く人たちが増え、お互いに必要な交わりさえも持とうとしない関係が多く見られます。

　育児相談をしていると、嫁姑の間では、姑からは「あなたたちの子どもだから

あなた方で育ててね」と言われることが多く、嫁の立場からは姑の干渉や介入は受けたくないといったことばが多く聞かれます。つまり、子育ての問題を抱えながらも支えあう関係が築けていないことを強く感じます。

　また、子どもが示すサインの理解が進まない原因については、もっと別なところにもあるように思われます。いわゆる、自分さえよければいい、人に迷惑をかけていないのだからそれでいいとする考え方が強くなり、本来人間に備わっているはずの相手を思いやるこころや相手の思いを知ろうとするこころなど、ことばを用いなくても分る感性が弱められ、このことが子育てにも大きく影響しているのではないかと考えます。ことばを獲得していない赤ちゃんの泣き声を「おなかがすいた」と泣いているのか、「眠い」と泣いているのか、「淋しい」と泣いているのか、「痛い」と泣いているのかなど、相手の立場に立って考える姿勢や感じとる気持ちが弱まっているのです。いかに子どもと接した経験の少ない若い両親であっても、このようなことは赤ちゃんをよく見ていれば分ります。もし分らなくても、周囲にそのような力を持っている人が子育てを支援してくれればその親は赤ちゃんとの関わり方を学習することができます。どこにでも助けてくれる人はいるものです。自分自身のこころを開くことができるかどうかが大きな課題です。

　ある時、ようやく二足歩行を獲得し、自分の足で歩けるようになったばかりの1歳くらいの子どもが、歩くことが楽しくてたまらないといった様子遊んでいました。しばらく遊んだ後、両親の後について子どもも機嫌よくトチトチと歩き始めました。しかし、数歩歩いたところで、突然その赤ちゃんはお尻を後ろに突き出して泣き始めました。その突然の行動に両親は何が起こったのか理解できない様子でした。そこで、「歩くのが疲れたのよね」と声をかけると「あーそうなの」と言って母親は子どもを抱きあげました。すると、抱きあげられた子どもは母親の腕の中で満足そうにニコニコと笑っていました。このように、親が周囲にいる

人々の意見に耳を傾け、赤ちゃんの出すサインや状況を理解し、受け止め、赤ちゃんの欲求に見合った対応がとれる場合には親子の間に問題は生じません。しかし、母と子が長い時間密室で過ごしているような場合には、親子の対応の不一致は修正される機会がないまま繰り返されることになります。このような対応のズレが修正されない状態が続けば、子どもは適切な対応を受けられずに不満足で不機嫌な状態が続き、母親は自分の子どもを扱いにくい子どもと理解します。そして、いずれは母と子どもの両方が辛い思いを体験することになるかもしれません。

支援の必要な親子は公の場に現れないことが多く、育児の相談にのってくれる相手もいないまま家庭で子育てを行っています。現在は、多くの保育園が家庭で子育てしている親を対象とした子育て支援センターを設けています。そこでは、ベテランの保育士が遊ばせ方、食事のさせ方など子育ての悩みを聞きながら相談にのってくれます。必要に応じて専門家の紹介もしてくれます。ですから、どうぞ1人で悩まずに、是非一歩、外に足を踏み出してみてください。その時から変化が始まります。

4 専門家に求めること

1) 専門家に求められること

保育は子守りではありません。保育は子どもの発達を理解し、それを教育の力で引っ張っていくことです。子どもを育てる専門家には、いかなる場合にも、どのような状況におかれた子どもであっても、すべての子どもの発達を保障していく立場に立つことが求められています。そして、世の中の状況が変化すればそれに応じた関わりを子どもや親に対して行う役割を担っています。現代ほどこのこ

とが強く求められている時代はないのではないかと感じています。

　ようやく保育指針の中にもこのような役割が盛り込まれました。しかし、現実には、親との信頼関係が結べない子育ての専門家がたくさんいます。表面的な関係は容易に作れても親の内面まで捉えた関わりのできる保育士は大変少ないものです。そして、多くの保育士が親に伝えなければならないことを伝えることができないと悩んでいます。このようなことが起こる背景には、専門家としてそのような技術を持っていないことからくる自信の無さや、一歩踏み込んだ後に生じてく次の問題に適切に対応できるのだろうか、といった保育士自身のジレンマが考えられます。このような技術を持っていないことを、学校のカリキュラムが不十分なためだと指摘する人も多くいます。確かに、これからの保育士のカリキュラムの中にはこのような内容が盛り込まれることが必要です。しかし、長年現場にいて、多くの事例を見聞きしてきた人たちにはこのような言い訳は通用しないように思います。

2）実践の場は道場

　保育士であろうと、幼稚園教諭であろうと、教師であろうと、自分自身を鍛える材料は現場にあります。実践の中から学ぶ、実践を通して自分自身を鍛えていく、これが実践の学問です。実践を通して学んできたことを蓄積し、その中から一定の法則を見出していくこと、これが"実践の科学"です。この中から知識や技術が生まれます。私にも多くの実践の場があります。実践の場は私にとって道場のようなものです。子どもの問題ではさまざまな親の価値観や専門家との考え方の違いに真っ向から向き合うこともあります。でも、これらすべてのことから私たちは学ぶことができます。そのような学びを蓄積することなくただ時間だけを経てきた人たちを専門家と呼ぶことはできません。

　これ以上は入って欲しくないという親たちの壁の前に為す術がなく、子どもに

とって必要なことも遠回しにしか言うことができないと言い訳を言うことは簡単です。そのように言ってしまえばその人の仕事はそれで終りになります。しかし、子どもはどうでしょう。子どもは日々成長し、そして抱えている問題から逃れることはできません。高学歴の親が多く、個人主義の考え方が強まり、他者の意見に耳を傾けることを好まない親たちが多い中で、これらの親に語りかけていくことは確かに容易なことではありません。だからといって、立ち止まっていることはもっとできません。状況を少しでも変化させるような刺激を送り続ける必要があります。そのためにはどのような方法があるのでしょうか。よくそのノウハウを尋ねられますが、私の答えはいつも同じです。その答えは相手が示してくれますと答えるだけです。答えはいつも現場にあります。ですから、何がその答えにつながるサインであるのか、そのサインを見逃さないような力をつけることこそが専門家の専門性を示すものであり、その中から科学としてのある法則を見出すことができると考えています。専門家が子どもの中に現れる発達の現象を理解し、その時に子どもに必要なことは何かを懸命に親に伝えようとする時、その思いが全く親に伝わらないはずはないという体験を多くしています。

3）専門家が加害者にならないために

保育士の何気ない一言（専門性の低さを意味する）やことばかけが若い母親を傷つけていることも多くあります。例えば、やがて2歳になろうとしているある男の子が何にでも興味を示し、いろいろな物に触れたがる様子や、その子の愛情表現として、自分よりも小さくて可愛いと思う子どもの頭をポンと叩く、そんな行為を見たあるベテランの保育士が「この子は人の物を欲しがるし、人を叩くことがあるけど、お母さん毎日抱きしめてやっているの？」といったことばかけをしているのを見かけました。子どもの発達を考えれば当然そのような行為はよく見られる時期ですし、この母と子の関わっている姿をよく見ていれば、その子は

母親に大変可愛がられていることも分ります。しつけもよく考えながら行っている母親であることも分かるはずです。それなのに、親子の関わり方は見ないで、ある一部分だけを見て、子どもがこのような行動をするのは母親の愛情が不足しているからではないか、といった保育士の一方的な思い込みや先入観で、こころない一言を若い母親にぶつけていました。この若い母親は傷つき、憤りを感じ、その保育士に不信感を抱いたようでした。きっとこの母親は次回からこの保育園を尋ねて来なくなるでしょうし、まして自信のない母親であればこのことをきっかけに育児不安に陥ることでしょう。現代の母親はそれほど子育てに自信が持てず、不安な中で子育てを行っています。専門家であれば、その親子をよく観察し、どのようなことばかけが親子にとって最も適切であるのか思慮深く考えて欲しいものだと思います。

4) 子どもは個人的な存在

　娘が2～3歳の頃のことですが、クラス全員の子どもに対して「さあ、皆さん一緒に～」と担任から声掛けをされた時のことです。娘は担任の声に反応せずにボーッとある所を見つめて立っていました。そんな時「○○ちゃんもよ」と名前で呼ばれていたら「私もか…」と思えたかもしれません、そんな子どもでした。このように、子どもというのは大変個人的な存在です。身体面においてもそうです。膀胱の大きさも代謝もそれぞれ1人ひとり異なります。ですから、一定の成熟した状態に達するまで、トイレ誘導なども、できれば、本人が尿意や便意を感じるころを見計らって声かけをし、まずは子どもが個人的に存在する部分から支える必要があると思います。このような子どもの個人的な部分が整ってくるとやがては周囲の流れにも注目し、そのうちには集団や社会のルールに合わせることを意識するようになります。

5 保育園で働く看護師の役割

　保育園で働く看護師の研修会に呼ばれることも時々ありますが、その時に出た多くの質問の中から2つを紹介しましょう。

　まず1つ目の質問は「1歳2ヶ月になる子どもが他の子どもを噛むことが多く、やってはいけないと注意するとよけいにやります。噛むことに対しては、普段から家で使っているおしゃぶりを持ってきてもらったところ噛むこともあまりなくなりました。また、他の子どもに比べてとても反抗的で、いたずらが目立ちます。その子の母親は10代で派手な服に派手な化粧で子育てするよりも自分が遊んでいたい様子です。母子家庭だし注意しても聞いてもらえるとも思えないのです」ということでした。

　まず、母親の批評をやめること、あるがままの状態を受け入れ、その状況の中で子どもがどのようにあることが最も望ましい状態であるかを考えるようにお願いしました。次に、子どもが1歳半の発達の節目を迎え、選ぶことを始めた楽しいこの時期に、母親から十分な反応が得られない場合、保育園の職員は、子どもにとって自分の行動の1つひとつに注意という形ではあっても反応を返してくれる興味ある存在として認識され、そのようなおとなの反応を子どもは楽しんでいることが考えられます。ですから、これからはできるだけよい反応を返して欲しいと伝えました。おしゃぶりの使用はことばが出てくる大切な時期ですからやめてもらうようにしました。

　もう1つの質問は、2歳の子どもの排便について、母親から相談を受けたので食事指導と併せて話をしているが少しも改善がみられないので困っているということでした。

　母親によれば、子どもは排便をすることに対して恐怖心があるようで、部屋の隅に隠れ、泣きながらオムツにしているということでした。食事は、電子レンジ

で暖めればよいレトルト食品や市販の物を毎朝食べているということでした。

　部屋の隅やカーテンの陰、テーブルの下などに隠れて排便をするような行動は、子どもがはっきりと便意を感じ、子どものこころの中には"ウンチはオムツにではなく、トイレで"という意識が高まってきていることを示すものです。でも、まだそれができない状態にあるので隠れてしているのです。そのような時にはトイレでの排便を無理強いせずに、終わった頃を見計らって「ウンチ出たの、よかったね、パンツかえようか」と声かけをすることが大切です。また、この母親は、子どもが泣きながら排便をしている様子から、子どもは排便をすることに恐怖感があると考えられたようですが、子どもが泣いている理由は別のところにあると思います。食事の内容からすると、きっと便が硬く、排便時に肛門に痛みを感じ、時には出血を伴いながら大変な思いをして排便していることが考えられます。

　そこで、食事については、レトルト食品ではなく、食物繊維の多い、新鮮な手作りの食品を準備することや、水分を多く与えること、そして規則正しい生活習慣を身につけ、朝食後には出ても出なくてもかまわないのでトイレやオマルに座る習慣を促すようにすすめることを伝えました。子どもは朝食後の胃結腸反射（食物が胃に入ると腸の動きが始まる）が優れていますので、朝食を食べることは体温の上昇だけに役立つのではなく、排便習慣を整えることにも役立ちます。

　このように、保育園で働く看護師は、その専門知識を活かして、親や子どもに健康な生活を支えるための働きかけをするという重要な役割を担っています。そして、それを実行性のあるものにするためには親に伝える際の伝え方が重要です。正しいことを正しいと伝えることは簡単なことですが、それでは一方通行のことが多くなります。伝えたい内容がその家庭にとって適切であるかどうか、その家庭の状況が分っていて親と信頼関係のとれている保育士の意見も求め、そして親の意見も尊重しどのように伝えることが効果的であるのかを考えます。介入は専門家の一方的な自己満足に終わらないような伝え方を考えることが重要です。

今の子どもたちは喘息や食物などに対するアレルギーを抱えた子どもが多く、また病児保育を希望する親も年々増加しています。そして、朝食の欠食、遅寝遅起きなど生活習慣の乱れ、虐待による身体的心理的問題などを抱えた子どもなどもいます。このような子どもや親に対して、専門家が関わらなければいけない問題は山積しています。専門的な知識の提供をどのようにしていくのか知恵と工夫と他職種との連携が重要です。

6 子育てを支援するということ

保育園の園長先生方と話をしていて最近多くの保育園で聞かれることばに「子育て支援を目的とした24時間保育、休日保育、病児保育、朝食・夜食の準備などをしていて最近思うことは、これは本当に子どもや親のためになっているのだろうか、もしかすると親の力を弱めていることにつながっているのではないかと悩んでいます」ということがあります。確かにそのような側面がないとは言えません。しかし、このような発言をされるのは決まって男性の園長先生方に多いものです。女性の園長先生方は現実直視ですから「子どもは日々成長発達を遂げていますから待つことはできません。おとなの立場からすればそのようなことを考えるかもしれないけれど、それでは子どもはどうしますか、子どもは困ります」とバッサリ断言されます。私もそう思っています。でも、ただそれだけでは片手落ちです。子育て支援は親育ちを支援することですから、そういったあらゆる支援の機会を活用して子どもの育ちやそれに対する関わり方、子育ての意味、楽しさを親に伝えていくチャンスとして利用していくことが大切です。母親なのになぜ子育てができないと親を責める前に、親がそれをできるように支えること、で

きるような親育てをすることが最も重要なことです。そういった意味では"とことん支えるしかない"という結論しか見出せません。

時には親の身勝手で感情的な場面にも直面し「一体誰の子どもだ！！　なぜ産んだ」と言いたくなることもたくさんありますが、そのようなことを言ってみても、物事の道理を掲げてみても、感情に感情で対処しても実際には問題の解決には至りません。後に残るのは不愉快な思いだけです。それだけならまだしも、そのことでかえって子どもが窮地に立たされ、さらに不幸な目に遭うことも多いものです。

平成17年度から開始される市町村の行動計画の中には、出生率を上げるために、3人目の子どもには現金を支給するなどといった、一時的な対応がなされているところもあります。しかし、そのような税金の使い方が長続きするとは思えません。また、それが本当に子どものためになることなのか、親育てにつながる方法なのかは大いに疑問です。そのような資金があれば、安心して子育てのできる環境を整えるために活用して欲しいものです。そうすれば、多くの人がその恩恵を被ることができます。

「子育て支援」や「育児相談」ということばは、今やどこででも安易に使われています。しかし、支援する際にはその親が本当に訴えたいことは何か、そして親自身も明確にできていないその奥に潜む問題にまで目を向け、親は何に一番困っているのを見極め、今後生じてくる問題まで予測し、家族のダイナミクスも活用した介入を考えることが必要です。中途半端な支援により親子を混乱させるような支援だけはしないで欲しいものです。

● 第8章 ●

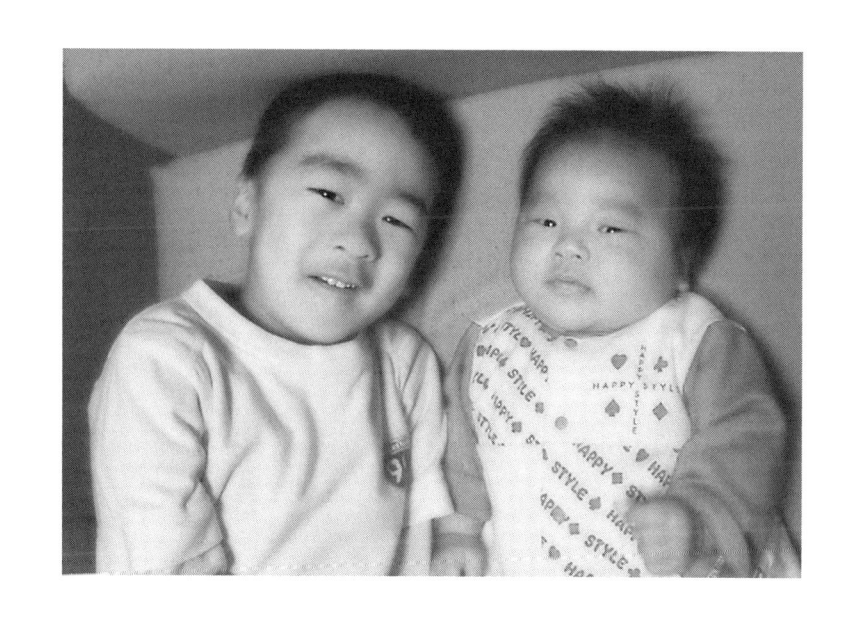

子どもの未来のために

1 一番大切なことを親に言えない子どもたち

　今、一番大切なことを親に言えない子どもたちがたくさんいます。親の前では従順で可愛く、いい子の自分を演出し、他人の前では全く反対の自分を表します。このような子どもは親の前で弱音を吐いたりしない、いい子でいなければ親に愛してもらえない子どもたちです。ですから、彼らは自分の鬱積した感情を他人にぶつけ、それによって人が迷惑する姿を楽しむかのような行動をとります。このような行動は、本来自分の親にぶつけるべきですが、親に甘えることを許されないその気持ちを他者に向けるという、ある意味では他者依存といえます。

　ある小学校の1年生のクラスでの出来事ですが、授業中に子どもの興味を引くものが窓の外を通ると、我先にとそちらの方向へ立ち上がって移動する数人の子どもがいます。それにつられて他の子どもがワーッと移動します。机の上に立ち上がる子ども、外へ飛び出す子ども、教室の中をうろうろと動き回る子ども、それには関係なく寝ている子どもなどがいて学級崩壊さながらです。このような子どもがクラスに数人いるとクラス全体が学習に取り組むことができません。

　そこで、このような状況を何とかしなくてはと一念発起した親たちが、交代で授業に参加し、教師と共に活動を始めました。しかし、なかなか改善しません。ところが、このクラスを混乱に導く子どもの親が学校へやって来ると、その子はいつもとはうって変わって静かにしています。ですから、その親はわが子の実態を知る機会はなく、他の親の不満は募る一方でした。このように、親の前で大変よい子を演じている子どもの中には親の目が届かないところでは自分の鬱積した気持ちを発散しています。

　また、ある中学生は、教師に向かっては親が想像もできないようなひどいことばを使っているのに、学校から親へ電話をする時には驚くほど丁寧な言葉を使って連絡をしています。

以前は、人様に迷惑をかけるなということを親はよく言ったものです。これは、親の前では自分をさらけ出してもよいが、人の前では迷惑や不快感を与えないようにすることが社会の中で生きていく大事な約束事であるとの教えでした。また、人様に迷惑をかけることは、自分の親に恥をかかせることであり、やってはいけないことでした。でも、今の時代はどうでしょう。親も子も自分さえよければ人様のことなど全く関係ないようです。

　しつけは、それぞれに個性や人格を持った家族が１つ屋根の下で心地良く暮らしていくための方法であり、そのためには個人がどのように行動すべきか、ということを親の権威や強制のもとにではなく個人の務めとして教えられることだと思います。そして、それを基本として集団の中での自分自身の役割のとり方を子どもは考えます。ですから、そのようなしつけができている子どもは、集団や社会の中でもその役割を当然のこととして行うことができます。しかし、家庭の中で自分の役割を親の権威や強制のもとに仕方なくやっている子どもは、その圧力のない場所ではその役割を放棄してしまうようです。このようなところにも、幼い頃からの親子関係のあり方が関与しています。

2　顔を合わせない対人関係

　ファミコンのゲームソフトが次々に開発され、ゲームをするために１人で家の中にいて、何時間でもＴＶの画面と向き合って過ごす子どもたちがいます。ゲームを介してしか友達と関われない子どもたち、ゲームや空想の中で対峙する中身のない交流、実体のない関係、このようなことを毎日毎日何時間も続けるこどもたちがたくさんいます。また、喫茶店で同じテーブルに向かい合って座っていな

がら互いにそれぞれの携帯電話で別々の友達と長い時間会話している人たちをよく見かけます。レストランに来ても親は週刊誌、子どもはマンガを読みながら食事をする親子など、同じ空間や時間を共有できない不思議な関係が広がっています。また、家族と一緒に食事をしないで1人で食事をする孤食の子どもも増えています。孤食の傾向は高学年よりも低学年の子どもに多く見られています。ですから、このことから生じる身体的・心理的・社会的な問題はより一層深刻です。忙しい時代に生きる家族だからこそ、唯一家族が集まる夕食事時の団欒を有意義に活用して欲しいと思います。団欒のひと時は、子どもの学校生活のことや友人とのことなど親子の語らいの楽しさを親も子どもも実感できる機会です。そのようなことは面倒だと考える方もあるかもしれませんが、そういった機会が与えられない子どもはどうやって自分の将来の姿を楽しみに思い描けるでしょうか。

3 親の役割

　子どもの成長と共に、親は子どもに対して時には「ダメ」と伝えることが大切です。今の子どもたちの中には親から「ノー」と言われたことのない子どもたちが多くいます。なぜならば、「ノー」と言うよりも「イエス」と答えるほうが親も子どもも楽だからです。親が子どもに「ノー」と言う時には、許可できないことの意味や理由を伝えなければなりません。でも、そのことで子どもは親の考え方や価値観を知り、どうすれば許可が得られるのかを考えます。どうすれば許可がでるのかを子どもに考えさせることは、子どもに交渉の型を学ばせ、物事への対処方法を考えさせるよい機会になります。

　一概には言えませんが、母親は子どもの痛みや苦しみ、そして辛いことを無条

件で自分の痛みとして受け入れる情緒的な部分が発達していますので、上に述べたようなアンチテーゼを出す役割は、社会の中でビジネスライクに生きることの多い、父親の方が適しているようにも思います。

　また、親は常に子どものことを心配していることを知らせておくことが必要です。親が自分のことを心配しているという気持ちが感じられることは、子どもにとって、家庭は帰ってくることのできる拠りどころがあるということです。そのような場所が与えられなかった子どもたちをたくさん見てきましたが、どこかにそのような場所あれば、子どもは再び活力を得て頑張る力を取り戻すことができます。

4　不登校の子どもから学ぶこと

　最近は、夫婦間の関係作りや役割分担がうまくいかず、家族の機能が十分に働いていない状況をよく目にします。家庭の機能がうまく働かないで、家族がばらばらに存在している状態は、親が親としての役割をとらないため、子どもに人との関わり方を伝えることができません。社会の中で生きていくルールを学習しないまま小学校や中学校でいじめに遭い、その後不登校になった子どもたちやそのような体験をして青年期を迎えた学生たちから実に多くのことを教えられます。

　学校でのいじめに関しては、担任や学校の対応のまずさはもちろんありますが、ここでは親子の関係からそのことを述べたいと思います。小学校でいじめに遭い、不登校になった子どもたちの中には、両親のどちらかが不明瞭型のアタッチメントを形成している場合があります。このような親の子どもは、人から嫌なことをされた時に「イヤ、やめて」とはっきり言えない子どもに多いものです。その理由は、親が日頃から子どもとの関わりの中ではっきりとした態度を示していない

ためではないかと考えられます。また、子どもが親に頼ろうとする時に、自分はまだ親としての自信がないので頼らないで欲しいといったことを子どもに伝えるなど、自らがモデルとなって子どもに学習の機会を与えていないことがあります。

　小学5年生の不登校の子どもは大変多弁な子どもでした。でも、家族のことや親の話になると急に固く口を閉ざして何も言いません。その様子は痛々しいほどで、それがその子の問題であることは容易に察することができました。家族のことに関しての反応はたった一度で、それは「それじゃ、先生はお父さんやお母さんに、あなたがおとなになる方法を教えてあげてくださいと伝えればいい？」と尋ねたことに深くうなずいた時だけでした。その時には、目から大きな涙がこぼれ落ちてきて、今でもその姿を忘れることができません。

　このような子どもたちは、学校に行くことを周囲のおとなたちから促されますが、行って人とどのように関わればいいのか分らないのです。怖いのです。そのような子どもに学校へ行きなさいと言えるでしょうか。おとなだってそのような状況におかれれば行きたくないものです。子どもだけになぜそれを強要できるのでしょう。

　自分の親子関係に問題を抱えた学生たちも同様で、対人関係の構築や対人理解を深める学習課題に直面した時には必ずつまずきます。彼らは、甘やされて育ってきたため周囲の状況を理解しようとしない学生たち、放任で育ち人との関係のとり方が分らない学生たち、家族との関係に傷ついてきた学生たち、厳しいだけで親の愛情が感じられない中で育ってきた学生たちです。このような学生たちを見ていると大変気の毒な気がします。物事や人に対する対応の仕方、問題の処理の仕方がちぐはぐで実に心許なく、意味のない行動によって更に相手を不愉快にさせることが多いのです。そして、そのことがまた新たな問題を引き起こします。ある事象について指導されてもそれが次の段階へと発展していかないのも彼らの特徴です。そのような学生を見ていると、彼らを育てた親に対して憤りを感じる

ことがしばしばありますが、彼らは明らかに混乱しています。おとなになる方法を見出せないでいるのです。

5 社会体験の重要性

　関東のある施設に長期にわたって入所している子どもたちの例を少しお話ししょう。彼らは、障害や慢性疾患、虐待、不登校、摂食障害のために入院しています。

　彼らにとっては、生活することそのものが治療になります。障害や慢性疾患を持った子どもたちは、生活することを通して自分の健康上の問題と向き合い、それを受け入れながら生きていく方法を身につけなければなりません。中には幼児期から退所年齢の18歳まで施設で暮らす子どもたちもいます。彼らは長く親許から離れ、仲間と共に、同じ施設で、同じ学校に通いながら過ごします。また、不登校などの社会的不適応や虐待による障害、また拒食などの摂食障害を抱えた子どもたちは生活習慣が確立していないことが多く、親との関係も成立していません。そこで、入院生活の期間に親も子も互いの関係を見直すことが求められます。

　入院によって彼らは長い期間社会から隔離されることになります。そのため、日常的なことも非日常的なこともその施設の中で体験することが全てです。このような生活は、子どもたちが社会の中で生きていく力を弱めてしまいます。彼らは18歳の退所の時期を迎えても、切符の買い方、バスの乗り方、金銭感覚や買い物の仕方を知りません。そしてそういったことに関わる対人関係のとり方、社会生活の送り方など、社会の中で生きていく方法を十分に体験しないまま過ごします。ですから、退所の時が近づくにつれて、彼らは大変なストレスに直面しま

す。そのため施設に残りたい気持ちと、そうはできない現実との間に苦しみます。また、施設の中で思い描いていた、自分はこうありたいという思いは、現実とはかけ離れた空想であり、その夢を達成する具体的な方法論を持っていません。ですから、彼らを取り巻くおとなたちはこの点を十分に理解し、日頃から彼らとどのように向き合い、何をなすべきかを子どもたちの姿や自らの社会経験の中で意識しておく必要があります。

　おとなは、子どもにとって生活することの意味や社会体験の重要性をしっかりと日頃から認識しておくべきであると思います。

6　こころを育てることは生きる力を育てること

　人気のアニメ映画を見に行った時のことについて、ある青年は「近頃の小学生はませていて可愛げがないと思っていたが、映画の最後に美しい音楽が流れてくると、音楽に合わせて全員の子どもたちが一斉に歌いだし、歌詞を覚えていない子どもたちはハミングしだした。その光景を見ていて、思わず子どもたちに対する愛おしさが込み上げてきた」と語ってくれました。一方で、本当は感動するこころを持っているのでしょうが、それを意識したくない、感動する心をなくしてしまったかのような表情を示す若者たちもいます。

　こころが痛むようなあるいはこころ打たれるような出来事を目の前にした時に「あなたはどう思う？」と問いかけても、尋ねられて困ったという様子で「ハー、別に何も感じません」と答える学生にはこちらが困惑してしまいます。しかも、このような学生たちはいわゆる普通に生活している普通の若者です。このような青年たちがいずれ親になり子育てをするのかと思うと、心配でなりません。彼ら

はきっと不明瞭型や回避型のアタッチメントを形成しているのではないかと考えますが、ひと昔前までは、このように何事にも関心を示さない人たちを無関心、無感動、無気力と呼んでいました。しかし、現在、無関心、無感動と称される人たちは、自分の欲求だけは何としても満たしたいと、自分のことにだけは強い執着を示します。人のことはどうでもいい、でも自分だけは、という自己中心的な姿は、まるである発達段階にある幼児のようです。

このような若者が増加した背景には、能力主義に賛同し、子どもの成績や学習の部分だけには異常な関心を示すが、心や生きる力を育てることには関心を示さない、親の部分的な過干渉の影響が大きいように思います。そして、このような親たちもまた自分の親から同じような対応を受けてきたことが考えられます。

数年前、幼い頃から成績が良く、親の言うことにも従順で大変良い子と評され、親の期待のままに育ってきた若者が相談に来ました。その学生は、ある不登校の中学生と出会い、学校へ行けないその子の問題と自分の問題を重ね合わせてしまいました。そして、自分の妹も保健室登校をしていることを知り、ショックを受け、それ以後、その中学生の子どもと向き合うことができなくなりました。若者にとって父親は威圧的な存在としての認識しかないため、自分の苦しい気持ちは母親にだけ打ち明けました。しかし、それを打ち明けられた母親は、ただオロオロとするばかりで、若者の思いを受け止めることができませんでした。そのことで若者は一層混乱しました。しばらく期間を置き、落ち着きを取り戻した後に、再び中学生の子どもと向き合うことを決心しました。でも、やはり若者は自分のことだけにしか目が向かず、相手のことを考えるだけの力はまだ育っていませんでした。

子どもは学習の面だけではなく、いろいろな面に親の関心を払って欲しいと期待しています。特に、幼い頃は子どものこころを育てることや、生きる力を育てることに力を注ぐことが必要です。そのことが、その後の子どものバランスのよ

い発達を育むことになります。

7 おとなの身勝手

　本来、人間は身勝手な存在であるのかもしれませんが、子どもが生まれると、その子どもへのいとおしさから、自らの喜びや楽しみ、生甲斐として子どもへの自発的な行為を開始します。でも、いつの間にか「育ててやったのに」、「誰のためにこんな思いをしていると思うのだ」といった押し付けや、「だからよい子でいなさい」といった見返りを求めるような形へと変化していくのをよく目にします。親からこのようなことを言われれば、子どもは困り果て、勢い「生んでくれと誰が頼んだ」、「自分が勝手にしたことじゃないか」などと売りことばに買いことばで、つまらないわだかまりを作ってしまうかもしれません。大変意味のあることとして始まった親子関係がつまらない顛末を迎えないように、そして、生涯に二度とない親と子の出会い、縁を大切にできればそれはとても幸せなことだと思います。親も子どももひとりの人間として、共に育ち合いたいものです。

謝　辞

　本書を仕上げるにあたり、学びの機会を与えて頂きました保護者の方々、保育園の皆様方、そして喜びを与えてくれた子どもたちに心より深謝申し上げます。また、楽しい子育ての機会を与えてくれた私の家族、特に私の仕事が続けられるように、そしてこころからの深い愛情を持って子育てを手伝ってくれた母、田上志久に感謝致します。さらに、写真撮影などに多大な協力をしてくれた私の娘である木村礼、研究室の津田朗子教員をはじめ大学院生の諸子に感謝の意を捧げます。

　　平成17年3月
　　　　金沢にて

　　　　　　　　　　　　　　　　　　　　　　　　　　　木村留美子

● 著者紹介

木村 留美子（KIMURA Rumiko）
熊本県生まれ

【学歴・職歴】
1989年　奈良教育大学大学院教育学研究科修了　教育学修士号取得、同年神奈川県立衛生短期大学勤務（助教授）
1994年　米国、ピッツバーグ大学へ留学（客員研究員）
1996年　東京大学にて保健学博士号取得、同年筑波大学医療技術短期大学部勤務（教授）
1999年　金沢大学医学系研究科大学院教授

【専門分野】
小児保健学、小児環境発達学

【著書】
『相手との関係を見直すことから始める子育て支援』（子どもの発達支援センター）
『子どもって・・・』（前田書店）
『ロイの適応モデル』（医学書院）
『患者の心理とケアの指針』（金子書房）
エイデル研究所『げ・ん・き』に連載中　など

【研究内容】
　研究は、アタッチメントに関する研究、子どもの社会性の発達に関する研究、生活習慣が乳幼児の生体リズムに及ぼす影響に関する研究、子育て支援や相談に関する研究、生体リズムとコルチゾールの関連に関する研究、対人関係に関する研究、学童の肥満に関する研究などである。
　学会は、日本小児保健学会、日本学校保健学会、日本思春期学会、日本母性衛生学会、日本保育学会等に所属し、学部生や大学院生と共に毎年発表を行っている。

【社会活動】
・金沢大学　社会貢献活動「子育て支援」事業担当
・ＮＰＯ法人こどもって理事長
・ＮＰＯ法人子どもの発達支援センター副理事長
・ＮＰＯ法人Ｈ・Ｅ・Ａ・Ｒ・Ｔ理事
・石川県小児保健協会理事
・内灘町次世代育成支援行動計画策定委員長　など

子どもって…ね　子育ては子どもとおとなの知恵くらべ

2005年5月13日　初刷発行	著　者	木村留美子
	発 行 者	大塚智孝
	印刷・製本	中央精版印刷株式会社
	発 行 所	エイデル研究所

102-0073 東京都千代田区九段北4-1-9
TEL　03（3234）4641
FAX　03（3234）4644

© Rumiko Kimura
Printed in Japan　ISBN4-87168-393-1 C3037

● 親と保育者のための本

"今"からはじめる「育て直し」
－問われる乳幼児体験

角田春高 著

B5判／並製
税込1800円
エイデル研究所

年齢相応に育つ子どもが少数派になりつつあります。人としての基礎をつくる乳幼児体験が問われ、保育者による子どもの「育て直し」が求められています。

☆二つの段階と七つの発達課題から
　子どもの発達をみつめる
　　（実感／安全／信頼／言葉／仲良し／三人組／学習意欲）
☆園でどのように虐待に対して取り組んでいくか
☆ケーススタディによる、わかりやすい解説
　　（乱暴な年少児への援助／不登園児への援助）

第1章　乳児期における「育て直し」の提案
　今、なぜ育て直しか／二つの段階／七つの発達課題／人格二段階と発達課題の関係
第2章　親として保育者としてどうあるべきか
　「育てる」とは／育て直しの四要素
第3章　「育て直し」の展開
　育て直しの展開／保育（育て直し）経験と展開の予測／年度途中からの取り組みと4月からの取り組み／「育て直し」の実践にあたって
第4章　発達課題の見わけ方
第5章　親としての「子育て」の取り組み
第6章　園で取り組む虐待
第7章　ケーススタディ
第8章　対　談

● 親と保育者のための本

見直そう子育て たて直そう生活リズム
－リズムとアクセントのある生活を求めて

佐野勝徳・新開英二 著

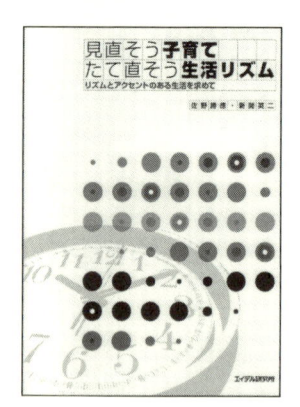

B5判／並製
税込1800円
エイデル研究所

我慢できずにキレる子どもが増えているなか、子育ての何を見直さなくてはいけないのか。「当たり前の生活」そして「当たり前の子育て」を取りもどしませんか。

☆**生活リズムと子どもの育ちの関係がわかる**
　（眠り／体温リズム／朝の食事／日中の行動／不登校）
☆**科学的知見を根拠とした正しい生活リズムの提案**
　（起床／散歩／遊び／リズムとアクセント／「捨て育て」とは）
☆**子どもたちに学ぶ楽しさを身につけさせよう**
　（学力低下問題／子どもを蝕む文明の利器／習慣が人格をつくる）
☆**子育てを豊かにするために**
　（科学絵本／わらべうた／おもちゃの紹介）

－目次－

第1章　子どもたちは今
　「普通の子」「よい子」に潜む深刻な問題／閉塞感ただよう保育・教育行政／その他

第2章　子育てと子育ちのバランス
　早期教育に関する研究から／「よく遊び手伝いもよくしている子」はキレない／「捨て育て」に学ぶ／子どもの脳がおかしい／当たり前の生活のすすめ／その他

第3章　生活リズムと子どもの育ち
　生活リズムを考える前に／眠りを科学すると／睡眠リズムと目覚めの気分／その他

第4章　こんな生活してみませんか

第5章　子育ての中身をより豊かにするために

● 親と保育者のための本

子ども・こころ・育ち

山田真理子 著

A5判／並製
税込 1700円
エイデル研究所

大人にとっての「豊かさ」「便利さ」は子どもから何を奪っているか。失われた大切な「それまであったもの」をとりもどすことからはじめてほしい。

☆ 『機微を見つめる―心の保育入門―』著者による待望の第2弾！
☆ "テレビ子育て"をやめ、子育ての原点を取り戻すための1冊。

第一章　失われた大切な「それまであったもの」
　おんぶと子守唄／布おむつ／「家族」と関わり体験／自然体験／失敗体験と豊かな感情体験／多重な人間関係
第二章　電子映像メディアと暮らす子どもたち
　テレビ漬け家族／あなたは大丈夫？―乳幼児のメディア接触 その危険可能性／メディアを「使いこなす」子育て
第三章　事例を通してキーワードを考える
　言葉が出ない／ヒーローごっこ／けんか／片づけ・集まり／運動嫌い／登園を嫌がる／落ち着きがない／きょうだい／おねしょ・指吸い・赤ちゃん返り 他
第四章　拡がる保育者の役割
　創作童話に見る学生気質／保育のプロに求められること／つまずきは子どもが育ち直すチャンス／「保育心理士」資格
第五章　生命あゆむ
　「自分」と向き合うとき／しがらみ（柵）／何で子どもは怒られることばかりするの？ 他

●親と保育者のための本

親心の喪失

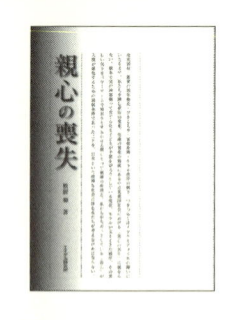

松居和 著

定価1800円（税込）
エイデル研究所

☆15年前に筆者が発した警告が、そのまま現在の日本の子育てに起きている。いま必要なものはタテマエの議論ではない。人間がもつ純な親心だ。

第1部　学校が私たちを亡ぼす日
　非識字人口の増加／子どもを見捨ててしまった親たち／崩壊する公立学校／離婚—深くかかわれない大人たち／少女たちの妊娠。そして幼児虐待／早期教育という言葉で始まる思い違い／幼稚園・保育園のジレンマ／園は人間社会を救えるか？／「絵本」という道／国際化そして国際人／他

第2部　15年後～もう時間がない～
　アメリカの不安小児保健医学会で講演／厚生労働省の新少子化対策案／問題発言／ＡＤＨＤ（注意欠陥多動性障害）／ＦＡＳ（胎児性アルコール症）についての報道／幼保合同講演会依頼書／政府の新少子化対策の骨子／他

一年生までゆっくりと
－ことば力　子ども力　それが学力

井上修子 著

定価1600円（税込）
エイデル研究所

☆**基礎学力低下の原因は乳幼児期のことばの獲得にあると言われています。子どもの聞く耳を育て、ことばを育てるための就学前の家庭生活とは。**

　第一章　ママは布ランドセル／第二章　パンツ一枚になっても
　第三章　カミサマありがとう／第四章　ほんとに弱虫かな
　第五章　あつまれ　なまえことば／第六章　なわ一本　あそびいろいろ
　第七章　一つの口が　二つのしごと／第八章　怪獣ママゴンは サイの角・牛の声
　第九章　大すき　けんかことば／第十章　笑いキノコの育て方
　第十一章　フツー号は豆台風じゃない　びっくりを育てる種
　第十二章　ママことばベスト１　たしざんのようにひきざんを
　絵本リスト…いつでも　何度でも…